MINI COUTURE

ZUM SELBERNÄHEN

für Jungs

EDITION FISCHER

Bibliografische Information der Deutschen Bibliothek.
Die Deutsche Bibliothek verzeichnet diese Publikation in der deutschen Nationalbibliografie.

Detaillierte bibliografische Daten sind im Internet über www.d-nb.de/ abrufbar.

EIN BUCH DER EDITION MICHAEL FISCHER

1. Auflage 2014

Erstveröffentlicht bei Lannoo

Titel der Originalausgabe: Homemade Mini Couture

Aus dem Niederländischen übertragen von Susanne Bonn
Satz: Bernadett Linseisen

ISBN: 978-3-86355-214-5

www.editionfischer.de

DANK

Dieses Buch wurde von einem ganz wunderbaren, kreativen Team geschaffen:

Little Miss Y., alias Astrid-Fia De Craecker, entwarf all die wunderschönen Kleidungsstücke und Schnitte in diesem Buch und sorgte außerdem für Haare & Make-up, Styling und Art Direction.

Vermiljoen, alias Lien Debruyne, schrieb alle Texte und schoss die Fotos für die Anleitungen.

Emilie Vercruysse fotografierte alle Modelle und die Details der Kleidungsstücke.

Margo Slingerland schuf auf ihre unnachahmliche Art die Grafiken und das Design.

Das Ergebnis ist dieses wunderbare Buch. Wir hoffen, dass wir damit Ihre Kreativität anregen können. Wir bitten Sie, Ihrerseits unsere Arbeit zu respektieren und die Schnitte nur im privaten Bereich zu verwenden, sie nicht zu kopieren oder zu verbreiten noch nach diesen Schnittmustern zum Verkauf bestimmte Kleidung zu nähen.

Wir wären Ihnen sehr dankbar dafür!

Außerdem ...

Fia dankt Yma, Little Miss Y. persönlich, ihrer nie versiegenden Inspirationsquelle, und Wim Reygaert, dem unübertroffenen Ideentester.

Lien dankt Peer für Hilfe in der Not; Myarn, Alba und Pommetje für ihre berechtigte Ungeduld. Und Geert, immer wieder Geert – für Ordnung im Kopf, die unverzichtbare Kraft, die richtige Entscheidung zu treffen, das neue Dach, das Zuhause und für alle Tage und Nächte. Schatz, du hast keine Ahnung!

Wir danken gemeinsam Liesje von www.aapnootmies.be für die Schuhe, Kurt Rigolle von AtomInc. für die Dekoration, Kurt Huyghe für die wunderbaren Autos und die Location, Inge Van Fleteren von www.engelsecocker.com für die Hunde. All unseren Models: Alba, Astor, Fons, Jeanne, Marcel, Myarn, Pomme, Tinus, Uma & Mona, Yma, Ysabel und ihren Eltern.

Zum Schluss noch vielen Dank an De Antwoord für ihre weisen und inspirierenden Worte und The Inspired Kittens Girl!

tj

RODEO

COWBOYWESTE (3 bis 10 Jahre)

Diese Weste ist ganz einfach. Ein Modell für den Einstieg. Sie üben das Einfassen mit Schrägband und nähen eine Applikation auf. Die Stoffauswahl bestimmt den Charakter der Weste: Das hier ist ein mutiger Cowboy. In seriösem Schwarz wird er ein kleiner Herr, mit einem Blumenstoff geht es in Richtung Hawaii.

MATERIAL:

* Mittelschwerer, brauner Stoff, z. B. Samt, Kunst-Veloursleder, eventuell Baumwolle
* Flockfolie, Flexfolie oder Wollfilz
* Band
* 2,5 m Schrägband

SCHNITTTEILE:

A Weste 1 x im Stoffbruch, 1 x Futter im Stoffbruch. Die Teile genau so mit der Nahtzugabe an der Schulter vom Schnittteil übernehmen.

B Kreis und Stern für die Brosche jeweils 2 x

[Stoffbruch

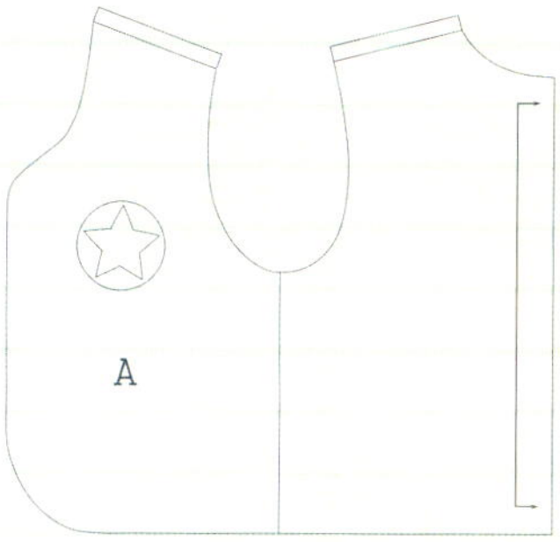

Ohne Nahtzugabe zuschneiden. Die Nahtzugabe an der Schulter ist im Schnittmuster eingezeichnet.

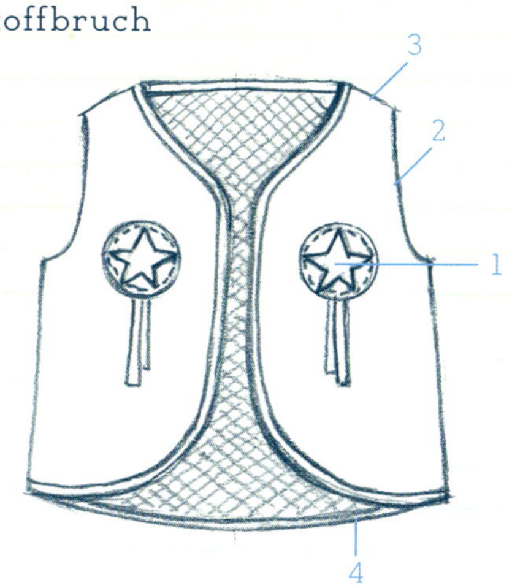

--->

1 Foto A Die Kreise aus Wollfilz ausschneiden. Die Sterne aus Flockfolie, Flexfolie oder Wollfilz zuschneiden. Den Kreis auf die Weste platzieren und zusammen mit den Zierbändchen annähen. Den Stern entsprechend der Anleitung für die gewählte Folie auf den Kreis bügeln, oder den Stern aus Wollfilz auf den Kreis nähen.

2 Foto B Das Futter rechts auf rechts auf den Stoff legen. Die Armlöcher nähen und mit der Zackenschere oder einer normalen Schere zurechtschneiden. Wenden und bügeln.

3 Foto C Oberstoff und Futter an den Schulternähten mit Overlock- oder Zickzackstichen zusammennähen. Die Schulternähte schließen.

4 Stoff und Futter am Rand zusammenstecken. Eventuell 0,3 cm vom Rand zusammennähen. Foto D Das Schrägband rechts auf rechts auf den Westenstoff stecken. Den Anfang des Bandes 1 cm breit umlegen. Foto E Das Band umbügeln. Der Rand des Schrägbands muss die Steppnaht bedecken. Foto F Das Schrägband feststecken. Nähen.

HIGH NOON

COWBOYHOSE (3 bis 10 Jahre)

Diese Hose passt im Stil perfekt zur Rodeo-Weste, auch der Schwierigkeitsgrad ist ähnlich. Die Hose bekommt einen Schlitz, aber keinen Reißverschluss. Das sieht echt aus, ist aber auch einfacher. Ohne Fransen wird eine elegante Hose daraus. Weiter hinten im Buch (Seiten 45 bis 47) werden verschiedene Taschenformen erklärt, vielleicht passt eine davon auf diese Hose.

MATERIAL:

* Mittelschwerer, brauner Stoff, z. B. Samt, Kunst-Veloursleder, eventuell Baumwolle
* Bündchenstoff
* Gummiband, 3 cm breit

SCHNITTTEILE:

A Vorderteil 2 x
B Rückteil 2 x
Nach Maß zuschneiden:
Fransenstreifen

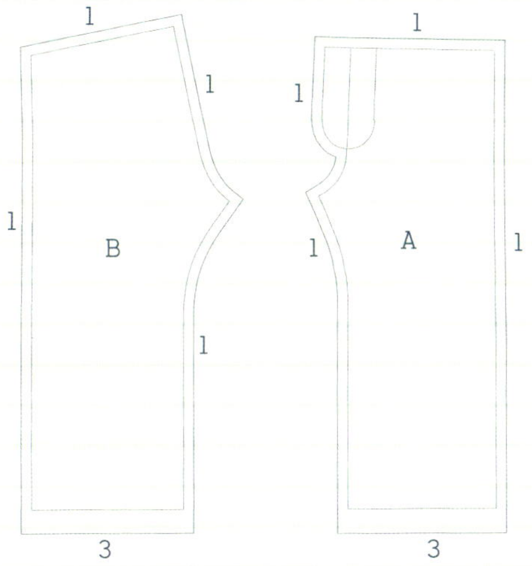

Mit der angegebenen Nahtzugabe zuschneiden.

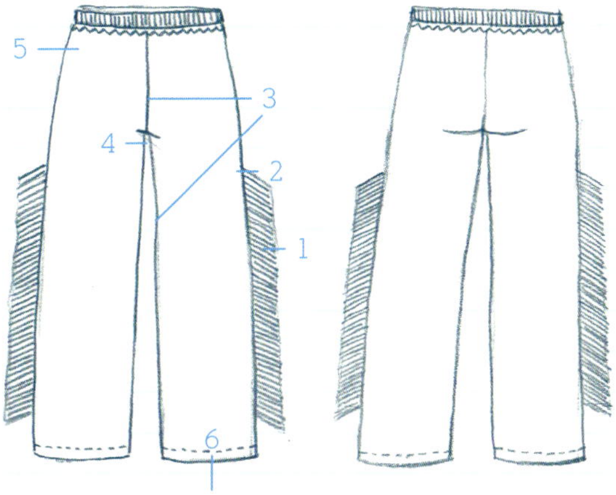

--->

1 Foto A Den Streifen für die Fransen nach Maß zuschneiden und rechts auf rechts außen an das Vorderteil der Hose nähen.
2 Foto B Das Vorderteil rechts auf rechts auf das Rückteil der Hose legen, dabei die äußeren Kanten genau zusammenstecken und die Seitennähte schließen. Die Nahtzugabe mit Overlock- oder Zickzackstichen schließen Foto C Die Naht von rechts absteppen (dazu Garn in derselben oder einer kontrastierenden Farbe verwenden). Achtung! Die Fransenborte nicht mit absteppen.
3 Foto D Den Hosenschlitz leicht einschneiden und rundum mit Zickzack- oder Overlockstich versäubern. Foto E Die inneren Beinnähte schließen und auseinanderbügeln. Schritte 1 bis 3 mit dem anderen Bein wiederholen.
4 Foto F Das eine Bein rechts auf rechts in das andere schieben, Vorderteil zu Vorderteil, Rückteil zu Rückteil. Die Kreuznaht abstecken und schließen. Den Hosenschlitz entlang der vorderen Mitte nach einer Seite falten (links oder rechts, je nach Wunsch). Foto G Das Schnittteil für den Hosenschlitz ohne Nahtzugabe aus Papier zuschneiden. An die betreffende Stelle auf die vordere Stoffseite stecken. Mit dieser Hilfslinie den Hosenschlitz absteppen.
5 Foto H Das Strickbündchen umschlagen und rechts auf rechts an die Hose stecken. Nur eine Seite des umgeschlagenen Bündchenstoffs annähen. Foto I Das Bündchen zurückschlagen. Bündchen und Nahtzugabe mit Overlock- oder Zickzackstichen verbinden. Hinten für das Gummiband 3 cm offen lassen. Mithilfe einer großen Sicherheitsnadel das Gummiband durch den Bund ziehen. Das Gummiband bei der richtigen Länge vernähen. Den Bund zunähen. Foto J Die Naht von rechts mit Zickzackstichen versehen. Beim Nähen den Stoff zurechtziehen.
6 Den unteren Saum der Hosenbeine nähen Foto K und die Fransen einschneiden.

E

F

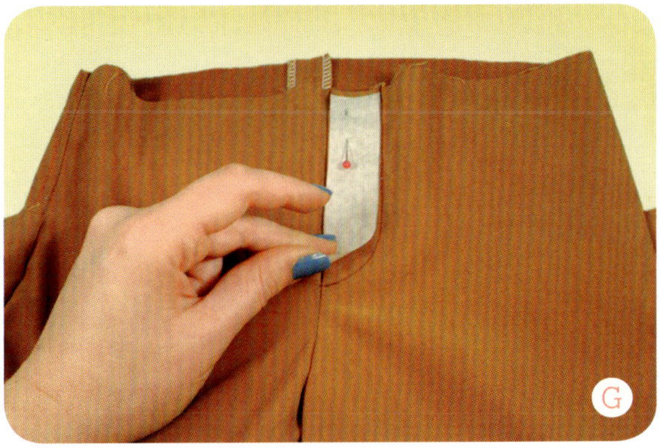
G

H

I

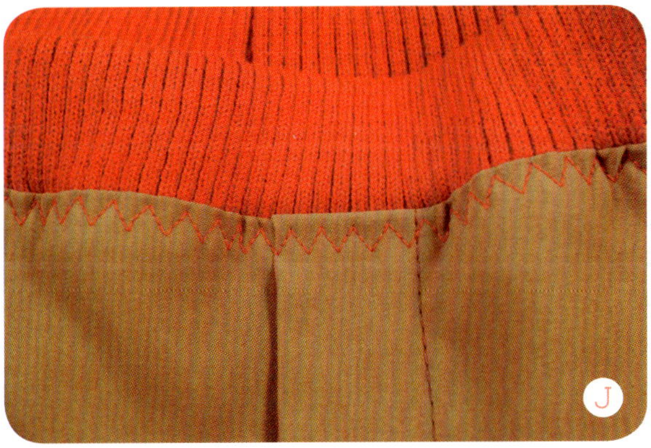
J

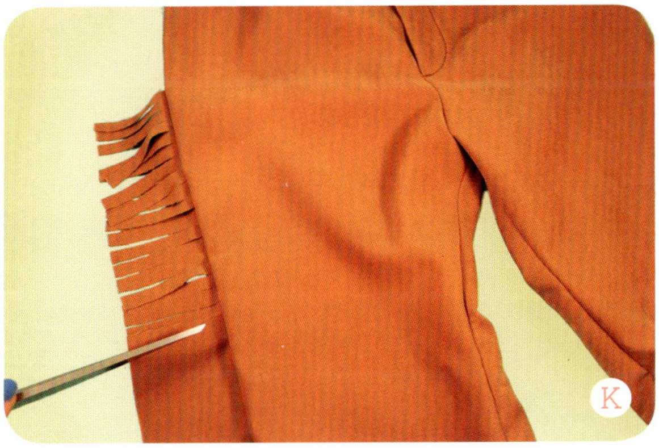
K

Hello...I Can Talk
WALKING TALKING
TOBY
robot
L-A-S-E-R
POWER LEVEL
LASER SETTING
STROBOT
STROBE SPEED

CINNAMON

LATZHOSE (6 Monate bis 3 Jahre)

Das ist eine Latzhose mit vielen Möglichkeiten: lange oder kurze Hosenbeine, Flicken am Knie (siehe Seite 48) zum Drauf-los-Krabbeln und eine Tasche (die variiert werden kann). Vielleicht ein Paspelband zwischen Oberteil und Hose? Alles ist möglich. Eine kurze Version dieser Hose sehen Sie auf den Seiten 17 und 18. Natürlich können Sie auch die Träger auswechseln. Durch die Knöpfe am Vorderteil und die Klappe hinten geht das ganz schnell.

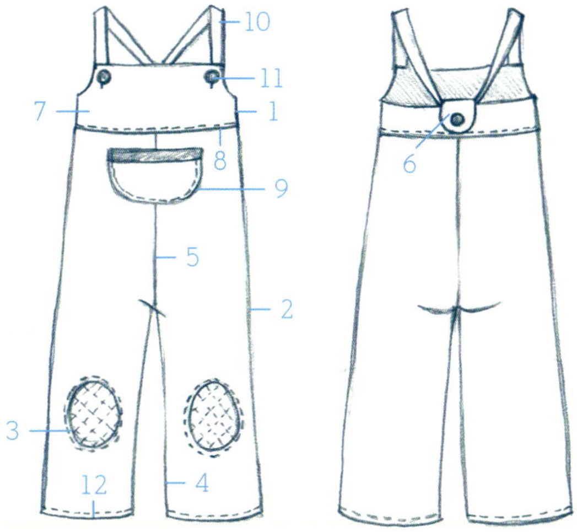

MATERIAL:

* Schwerer Baumwollstoff, Jeansstoff, Cord, Gabardine
* Bügeleinlage
* 3 Knöpfe

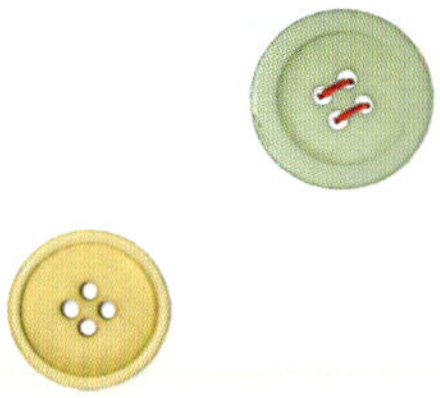

SCHNITTTEILE:

A Oberteil vorn 2 x im Stoffbruch
B Oberteil hinten 2 x im Stoffbruch
C Vorderteil Hose 2 x
D Rückteil Hose 2 x
E Trägerklappe 2 x, 1 x Bügeleinlage
F Tasche 1 x
G Taschenstreifen 1 x
Flicken am Knie 2 x

[Stoffbruch

Nach Maß zuschneiden:
Träger: 44 x 8 cm (für die folgenden Größen: 48 x 8 cm, 52 x 8 cm, 56 x 8 cm, 60 x 8 cm und 64 x 8 cm)

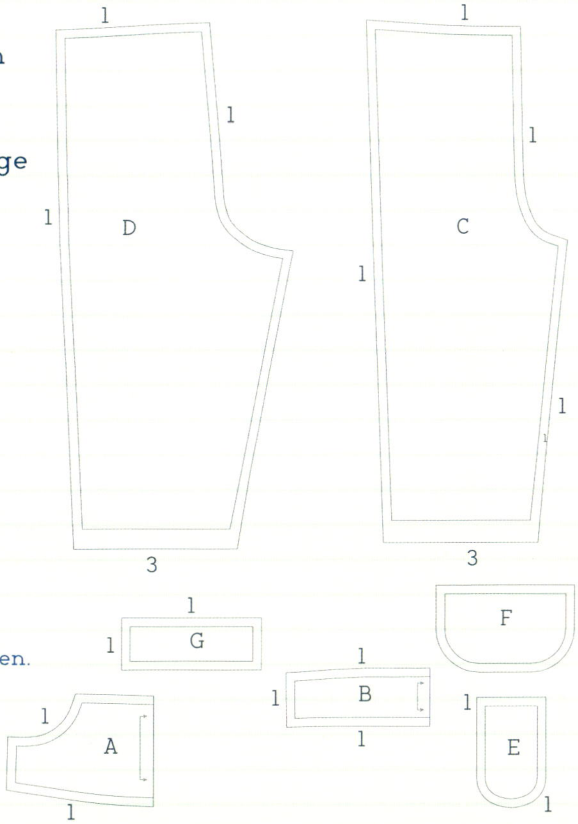

Mit der angegebenen Nahtzugabe zuschneiden.

--->

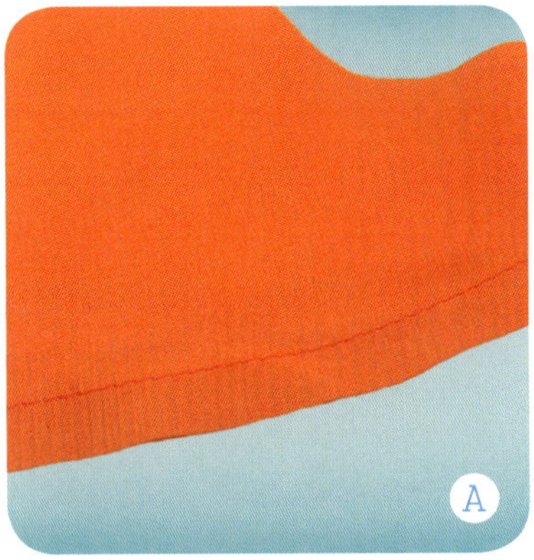
A

B

C

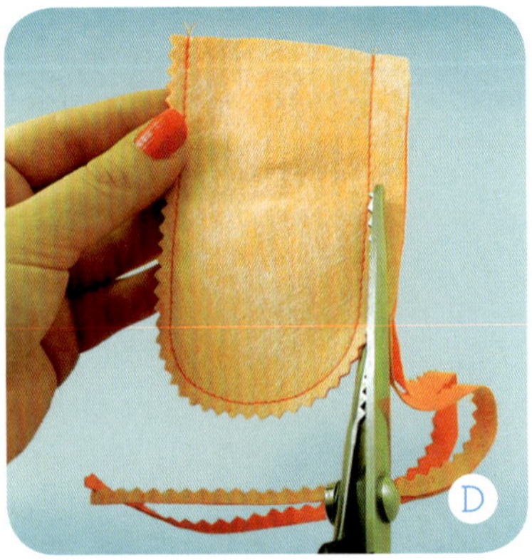
D

E

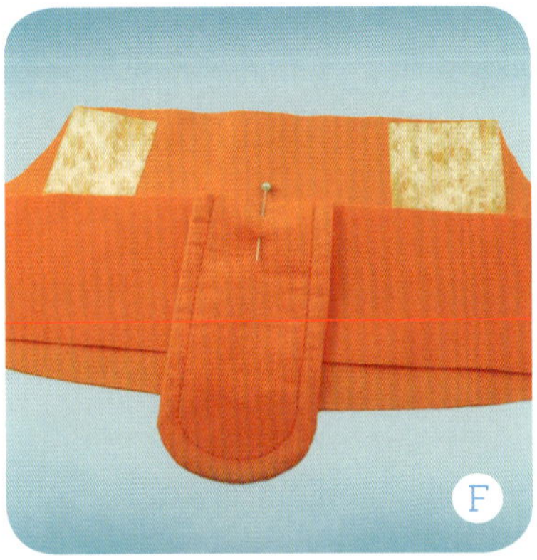
F

G

H

I

J

K

L

1 Die Seitennähte von Oberteil und Futter schließen. Alle Seitennähte auseinanderbügeln. Foto A 1 cm über dem unteren Rand des Futters eine Hilfslinie steppen und daran entlang umbügeln. Foto B Die Stellen an Oberteil und Futter mit Bügeleinlage verstärken, an denen die Knopflöcher platziert werden sollen.
2 Die äußeren Beinnähte schließen. Die Nahtzugabe zum Rückteil hin umbügeln und versäubern. Dies beim zweiten Hosenbein wiederholen. (Zum Versäubern: Die Nähte an der Hose können zusammen mit Overlock- oder Zickzackstichen versäubert werden, ausgenommen die inneren Beinnähte, diese werden mit Overlock-Stichen versäubert, bevor die Nähte geschlossen werden.).
3 Den Knieflicken (siehe Seite 48) auf der richtigen Höhe auf das Vorderteil der Hose nähen. Die inneren Beinnähte schließen und die Nahtzugabe auseinanderbügeln.
4 Foto C Das eine Bein rechts auf rechts in das andere schieben und die Teile ausrichten. Die Kreuznaht abstecken und schließen.
5 Foto D Ein Teil der Trägerklappe mit Bügeleinlage verstärken. Die beiden Teile für die Trägerklappe rechts auf rechts zusammenlegen und nähen. Die kurze Seite offen lassen. Den Rand zurückschneiden. Foto E Wenden. Bügeln und 0,7 cm vom Rand entfernt absteppen.
6 Foto F Die Klappe in der hinteren Mitte des Oberteils anstecken. Foto G Das Oberteil und das dazugehörige Futter rechts auf rechts ineinanderschieben, zusammenstecken und den oberen Rand zunähen. Dabei die Klappe mit annähen. Den Rand zurechtschneiden. Wenden und bügeln.
7 Foto H Das Oberteil umgedreht rechts auf rechts auf die Hose schieben. Den unteren Rand des Oberteils an den oberen Rand der Hose nähen. Den Beleg nicht mit einnähen. Die Naht nach oben umbügeln. Das Futter auf die Naht legen und an der richtigen Stelle feststecken. Foto I Beim Abstecken durch die umgebügelte Hilfslinie und die Naht des Oberteils stechen. Foto J Auf der vorderen Stoffseite 1 mm oberhalb der Naht absteppen.
8 Die Tasche an die richtige Stelle stecken, dabei auf die Mittellinie achten. Foto K Am oberen Rand der Tasche je 1 cm vom linken und rechten Rand eine Markierung zeichnen. Foto L Das Verstärkungsdreieck nähen, die Tasche rundum aufsteppen, dann das zweite Verstärkungsdreieck nähen.
9 Das Trägerband der Länge nach in der Mitte rechts auf rechts falten und bügeln. Beidseitig 1 cm breit einschlagen. Foto M Die kurzen Seiten zunähen, die eingeschlagenen Enden mit einnähen. Ecken zurechtschneiden. Wenden und bügeln. Der Länge nach zunähen. Foto N Das Band in der Mitte falten und 3 cm zusammennähen.
10 Die Knöpfe an die Trägerenden nähen. Die Knopflöcher anbringen.
11 Den unteren Hosensaum nähen.

CADILLAC

BASIC-HEMD (3 bis 10 Jahre)

Ein Hemd gehört unbedingt in den Kinderkleiderschrank. Das hier ist ein echtes Basic-Modell. Es sieht ein bisschen edler aus als ein T-Shirt, aber immer noch verspielt genug. Es enthält einige Herausforderungen beim Nähen. Dabei ist so ein Hemd kein unüberwindbares Problem. Hier gibt es eine unkomplizierte Anleitung, um einen schönen Kragen zu nähen und eine elegante Methode, diesen Kragen anzusetzen – absolut unfehlbar. Dazu kommt noch das Einsetzen der Ärmel und die freie Wahl der Tasche (siehe Seiten 45 und 46). Fertig ist ein Hemd für jeden Tag.

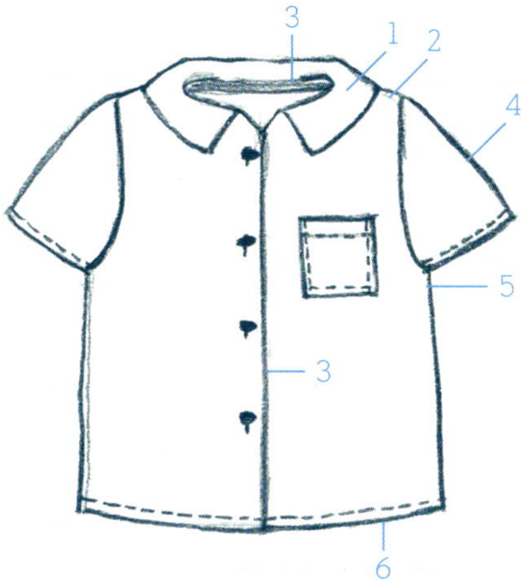

MATERIAL:
* Leichter bis mittelschwerer Baumwollstoff
* Bügeleinlage
* 4 bis 5 Knöpfe

SCHNITTTEILE:

A Vorderteil 2 x
B Rückenteil 1 x im Stoffbruch
C Kragen 2 x im Stoffbruch,
1 x Bügeleinlage im Stoffbruch
D Ärmel 2 x

[Stoffbruch

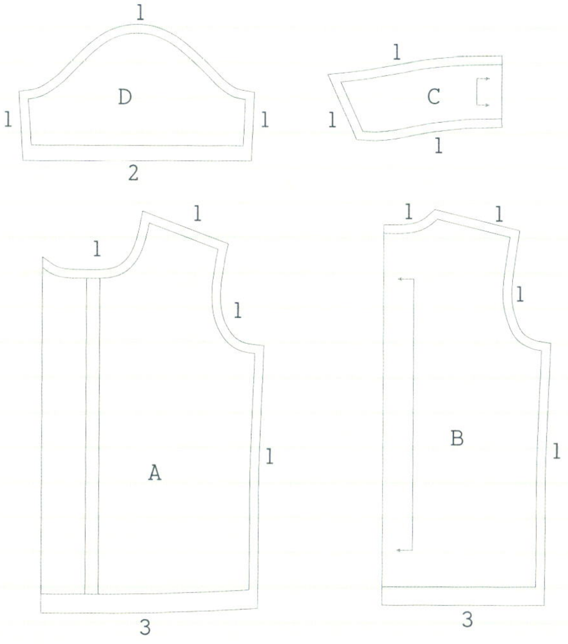

Mit der angegebenen Nahtzugabe zuschneiden.

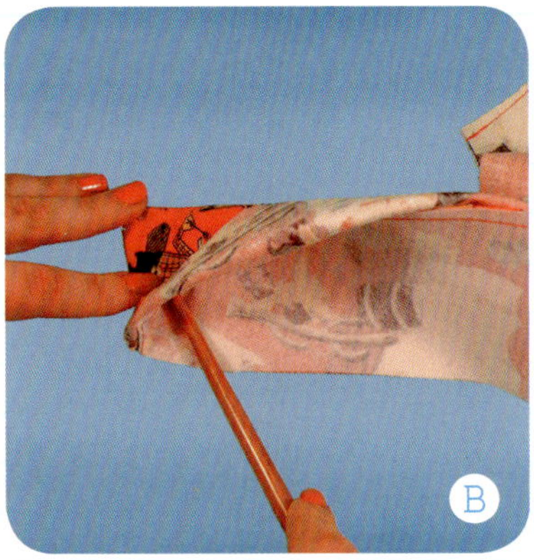

1 Foto A Das untere Kragenteil mit Bügeleinlage verstärken. Unteres und oberes Kragenteil rechts auf rechts aufeinanderlegen und den äußeren Rand nähen. Die Nahtzugaben zurechtschneiden, die Ecken abschneiden. Foto B Den Kragen wenden und formen.

2 Foto C Die Schulternähte schließen (Wenn das Hemd Taschen bekommen soll, diese auf das Vorderteil nähen, bevor die Schulternähte geschlossen werden; das ist praktischer.) Die angeschnittene Knopfleiste an beiden Seiten zur Innenseite des Hemds umbügeln.

3 Den Kragen auf die rechte Seite des Hemds stecken. Den Kragen 0,7 cm vom Rand entfernt annähen. Foto D Die Knopfleiste nach außen über den Kragen falten. Von Öffnung zu Öffnung rechts auf rechts ein Schrägband auf die Faltkante stecken, die Knopfleiste mit anstecken. Nähen. Foto E Knopfleiste und Schrägband zurückfalten und das Schrägband feststecken. Die Nadel in der linken Position befestigen und das Band am Rand des Schrägbands annähen; dabei den Nähfuß an der Kragennaht entlangführen. Bügeln.

4 Den Ärmelsaum umbügeln, aber noch nicht nähen! Foto F Den Ärmel an die richtige Stelle stecken, dabei die Markierungen auf den Schnittteilen beachten. Erst die Mitte auf die Schulternaht stecken, dann Anfang und Ende anstecken. Bei Bedarf die ganze Linie abstecken und den Ärmel sauber in das Armloch setzen. Den Ärmel einnähen, dabei den Ärmel nach oben und die Hemdteile nach unten legen. Die Schulternaht des Ärmels und die Schulternaht des Hemds mit Overlock- oder Zickzackstichen versäubern.

5 Foto G Die Seitennähte, auch der Ärmel, in einem Durchgang schließen. Dabei darauf achten, dass die Spitzen in der Achselhöhle genau an der richtigen Stelle liegen. Die Nähte auseinander- oder nach hinten bügeln. Den unteren Ärmelsaum versäubern.

6 Die unteren Säume auf Maß bringen und nach Geschmack fertigstellen. Knopflöcher anbringen und die Knöpfe annähen.

PROPELLER

KAPPE (6 Monate bis 3 Jahre)

Eine Kappe für kleine Jungs mit großen Plänen. Diese fröhliche Kappe hat einen schön geformten Schirm und für echte Abenteurer einen Propeller. Ohne diesen lässt sich die Mütze auch komplett wenden.

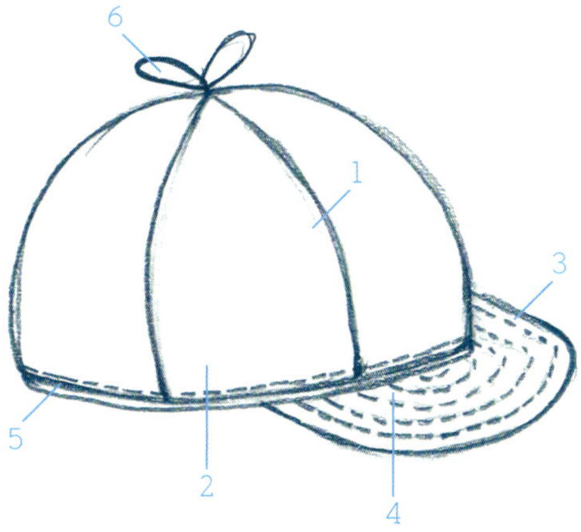

MATERIAL:

* Schwerer Baumwollstoff
* Mittelschwerer Baumwollstoff für das Futter
* Leicht wattiertes Zwischenfutter
* Feste Bügeleinlage

SCHNITTTEILE:

A Kopfteil 6 x, 6 x Futter, 6 x wattierte Einlage
B Schirm 2 x im Stoffbruch, 1 x feste Bügeleinlage im Stoffbruch
C Propeller 2 x

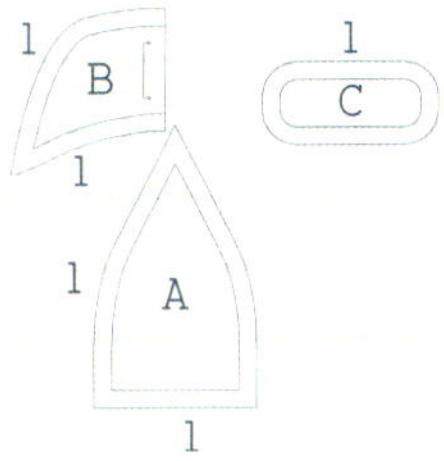

Mit der angegebenen Nahtzugabe zuschneiden.

--->

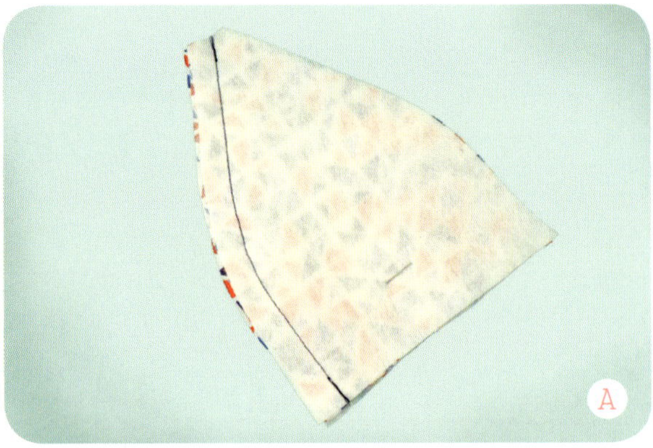

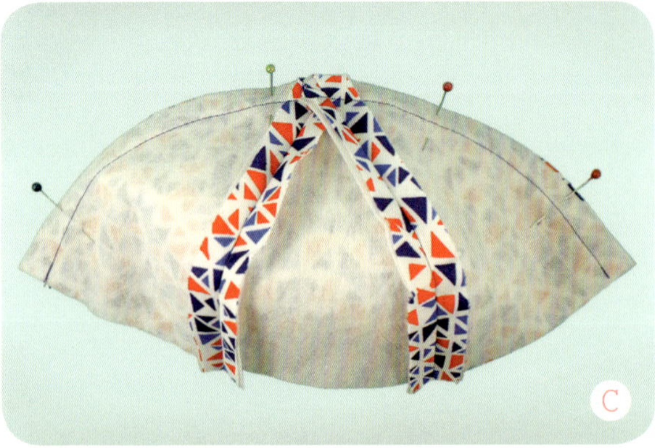

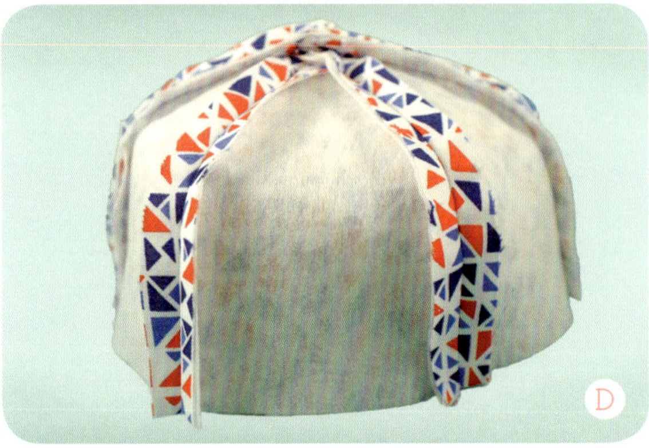

1 Foto A Zwei Kopfteile rechts auf rechts zusammennähen. Dabei – und bei den folgenden Nähten – immer die Einlage mit einnähen. Foto B Diese erste Naht am oberen Ende offen abstecken. Beim Annähen des nächsten Teils diese Naht mit einnähen. Diesen Schritt vollständig wiederholen und die 3 anderen Kopfteile zusammensetzen. Foto C Die Hälften der Kappe zusammensetzen und alle Nähte auseinanderbügeln. Foto D

2 Schritt 1 mit dem Futter wiederholen. Foto E Achtung: Beim Zusammensetzen der Hälften in der Naht eine Öffnung lassen.

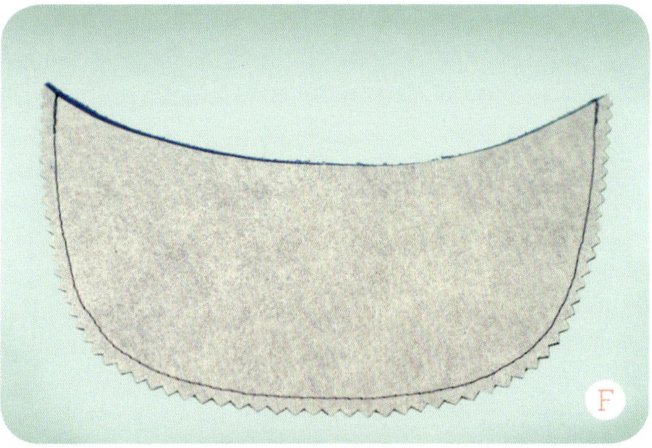

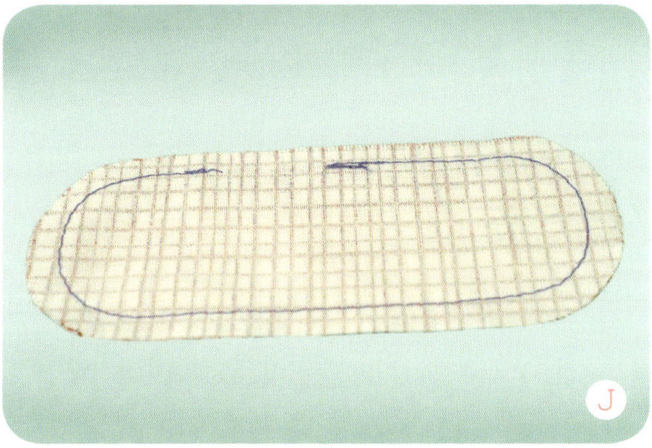

3 Foto F Eines der Schirmteile mit Bügeleinlage verstärken und beide Teile rechts auf rechts zusammennähen. Wenden und bügeln. Foto G Den Schirm absteppen.

4 Foto H Den Schirm an die Kappe stecken.

5 Foto I Den Oberstoff und das Futter rechts auf rechts zusammenstecken. Nähen. Durch die Öffnung im Futter wenden. Den unteren Rand der Kappe umbügeln. Öffnung von Hand zunähen.

6 Foto J Die 2 Propellerteile rechts auf rechts zusammennähen. Wenden und bügeln. Foto K Den Propeller in der Mitte falten und von Hand zunähen. Den Propeller auf die Kappe nähen, dabei durch Oberstoff und Futter nähen.

FEINE STREIFEN

HOSE (3 bis 10 Jahre)

Diese Slim-Fit-Hose mit schöner Passform hilft Ihnen, Ihren Nähhorizont zu erweitern. Die Taschen sind mit Schrägband eingefasst, Sie können aber auch Paspelband verwenden oder die Taschen aus einem ganz anderen Stoff nähen.
Mit diesem Schnittmuster erhalten Sie eine Anleitung, nach der Sie ganz ohne Stress einen Hosenschlitz mit Reißverschluss einsetzen, damit die Hose wirklich ganz fertig ist.

MATERIAL:

* Mittelschwerer bis schwerer Baumwollstoff, Jeansstoff, Cord
* Eventuell Stoff oder Band in einer Kontrastfarbe
* Reißverschluss in passender Länge
* Bügeleinlage
* Knopflochgummi
* 3 Knöpfe

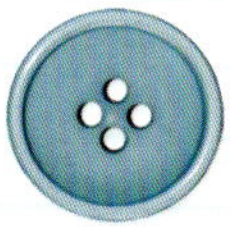

SCHNITTTEILE:

A Vorderteil 2 x
B Rückteil 2 x
C Passe hinten 2 x
D Innenteil Vordertasche 2 x
E Außenteil Vordertasche 2 x
F Gesäßtasche 2 x
G Bund 1 x
H Rückseite Reißverschluss: Stück Hosenschlitz 1 x in 1 cm Abstand vom Stoffbruch (nur bei Hosenschlitz mit Reißverschluss)

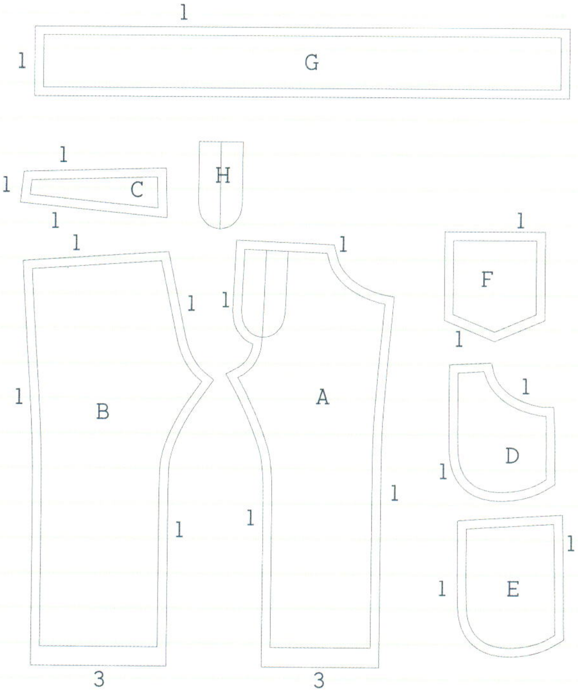

Mit der angegebenen Nahtzugabe zuschneiden.

--->

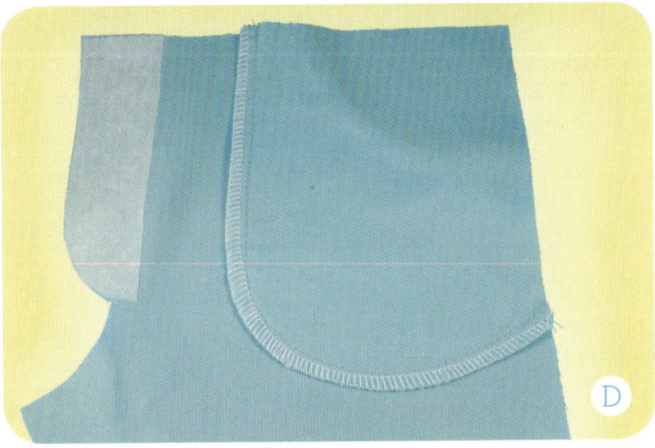

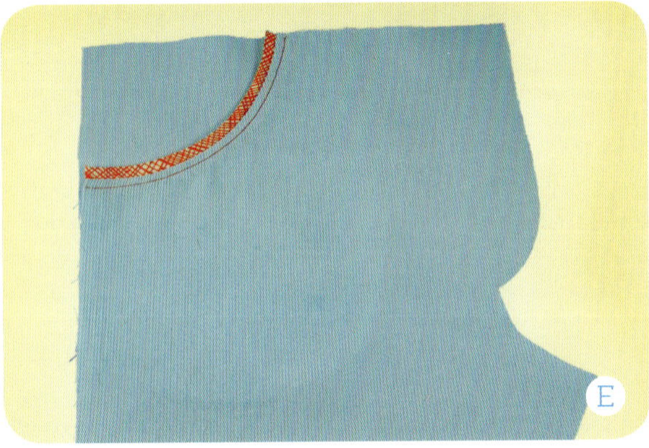

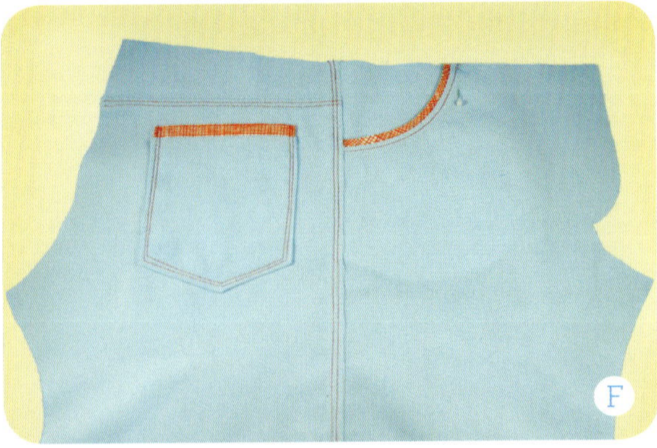

1 Foto A Die hinteren Passenteile an die Rückteile nähen. Von rechts absteppen.
2 Foto B Den Rand der Vordertaschen eventuell mit Schräg- oder Paspelband einfassen. Foto C Die Innenteile der Taschen auf die Vorderteile nähen: Den gebogenen Rand des Innenteils rechts auf rechts auf den Taschenrand auf dem Vorderteil legen. Nähen, zurechtschneiden, wenden und bügeln. Absteppen. Foto D Das Außenteil der Tasche auf das Innenteil nähen. Foto E Fertig.
3 Die Gesäßtaschen aufnähen (siehe Seite 46).
4 Foto F Die Seitennähte schließen. Absteppen. Die inneren Beinnähte schließen. Bügeln.
5 („unechter" Hosenschlitz siehe Schritt 4, High Noon, Seite 8). Die Hosenbeine rechts auf rechts ineinanderschieben. Foto G Den Hosenschlitz am

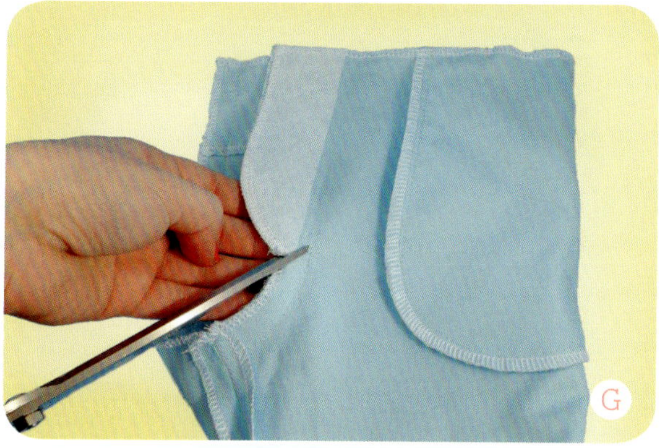

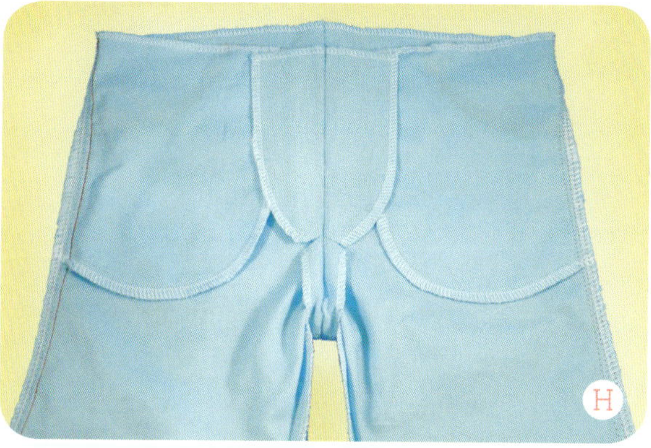

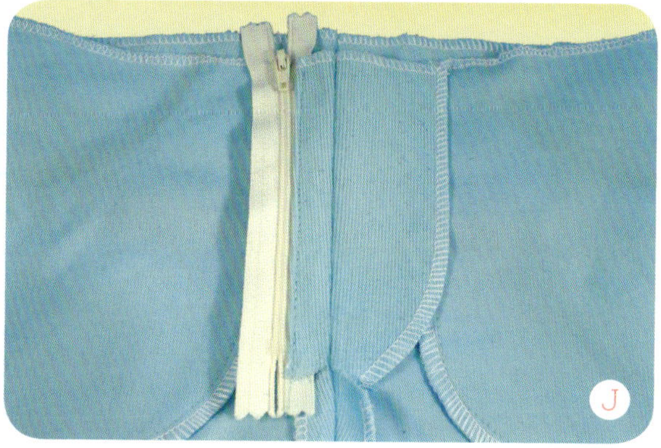

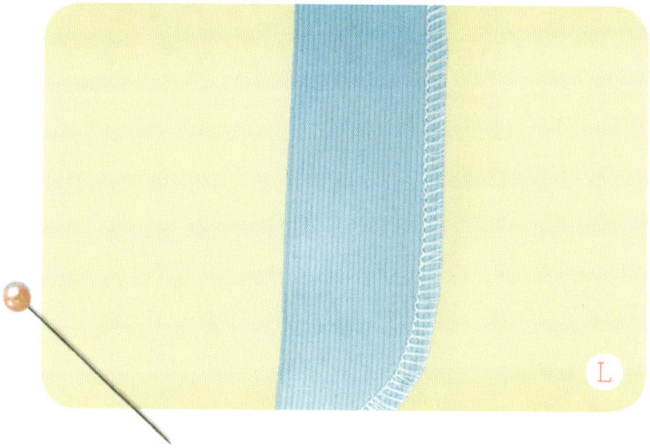

Anfang einschneiden. Die Kreuznaht von hinten nach vorn bis zur Markierung am Hosenschlitz schließen. Den Faden vernähen. Foto H Mit großer Stichlänge nach oben weiternähen, diese Naht wird später entfernt. Die Teile des Hosenschlitzes auseinanderbügeln. Foto I Den Rand des Reißverschlusses mit der rechten Seite auf die vordere Mittelnaht legen. (Bei uns liegt er auf der linken Seite). Den Reißverschluss links der Zähne auf dem Teil für den Hosenschlitz annähen, bzw. auf der Seite, die am weitesten von der Mittelnaht entfernt ist. Foto J Das Teil an dieser Naht wenden und auf der rechten Seite des Reißverschlusses absteppen. Foto K Das andere (rechte) Teil des Hosenschlitzes mit der vorderen Mittelnaht als Faltkante über den Reißverschluss legen (also nicht den Rand des Hosenschlitzteils auf den Rand des Reißverschlusses!) und den Reißverschluss auf diesem Teil des Hosenschlitzes links von den Zähnen festnähen, bzw. auf der Seite, die am weitesten von der vorderen Mittelnaht entfernt ist. Foto L Die Rückseite für den Reißverschluss links auf links in der Mitte falten. Die offene Kante mit Overlock- oder Zickzackstichen versäubern. Den Hosenschlitz wenden, sodass der Reißverschluss wieder außen liegt. Foto M Den gebogenen, versäuberten Rand der Reißverschluss-Rückseite auf den gebogenen Rand des linken Hosenschlitzteils legen, also auf das Teil, das am weitesten von der vorderen Mittelnaht entfernt ist. --->

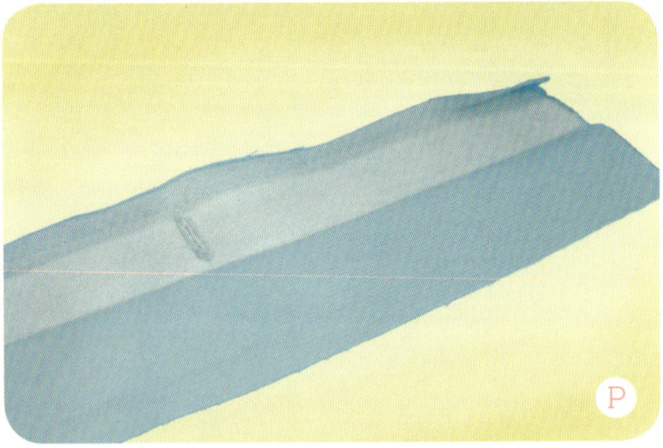

0,5 cm vom Rand nähen. Bei Bedarf den Reißverschluss zurechtschneiden. Foto N Das Schnittteil für den Hosenschlitz ohne Nahtzugabe aus Papier zuschneiden. An die Stelle des Hosenschlitzes auf die vordere Stoffseite stecken. Mit dieser Hilfslinie den Hosenschlitz absteppen. Foto O Die vorläufige Steppnaht in der vorderen Mitte entfernen.

6 Foto P Die Hälfte des Bunds mit Bügeleinlage verstärken: das wird die Innenseite. Die Knopflöcher an den markierten Stellen anbringen und 1 cm vom Rand eine Hilfslinie nähen, beides auf der verstärkten Seite. Foto Q Die Hilfslinie umbügeln. Der Länge nach in der Mitte rechts auf rechts falten. Die Enden zunähen, die eingeschlagenen Enden mit einnähen. Den Bund oben an der Hose festnähen: Den Bund umgedreht rechts auf rechts auf den oberen Rand der Hose legen. Nähen, die Rückseite des Bunds nicht mitnähen. Den Bund nach oben umbügeln. Den inneren Rand des Bunds über die Naht legen. Beim Abstecken durch die umgebügelte Hilfslinie und die Naht des Bunds stechen. Auf der vorderen Stoffseite 1 mm oberhalb der Naht absteppen (siehe Schritt 7, Cinnamon, Seite 13) Foto R Das Gummiband einziehen. Die Knöpfe neben den Knopflöchern für das Gummiband annähen, dabei nicht auf die Außenseite des Bunds stechen.

7 Das Knopfloch für den Verschluss anbringen und den Knopf annähen.

8 Die Säume versäubern.

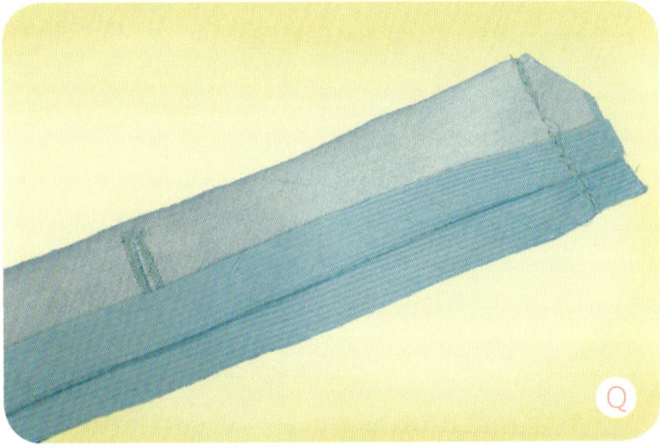

SAFARI

HEMD (3 bis 10 Jahre)

Dieses Hemd braucht kein eigenes Schnittmuster. Verwenden Sie einfach den Schnitt für das Modell Cadillac. Wir wollen damit zeigen, dass Sie mit etwas Kreativität und ein paar kleinen Tricks und Kniffen aus einem Schnittmuster viele verschiedene Modelle nähen können.

MATERIAL:

* Leichter bis mittelschwerer Baumwollstoff
* Paspelband
* Bügeleinlage
* 8 kleine Knöpfe
* 4 größere Knöpfe für die Knopflaschen

SCHNITTTEILE:

A Mittleres Vorderteil 2 x
B Seitliches Vorderteil 2 x
C Vordertasche 2 x
D Rückenteil 1 x im Stoffbruch
E Rückentasche 1 x im Stoffbruch
F Kragen 2 x im Stoffbruch,
1 x Bügeleinlage im Stoffbruch
G Ärmel 2 x
H Knopflasche 8 x

Nach Maß zuschneiden:
Belegstreifen für die Taschen 3 x: 4 cm x (Breite der Tasche x 2),
Manschetten 2 x: Länge nach Wunsch, aber doppelt so lang wie die fertige Manschette zuschneiden. Die Breite entspricht dem unteren Ärmelrand.

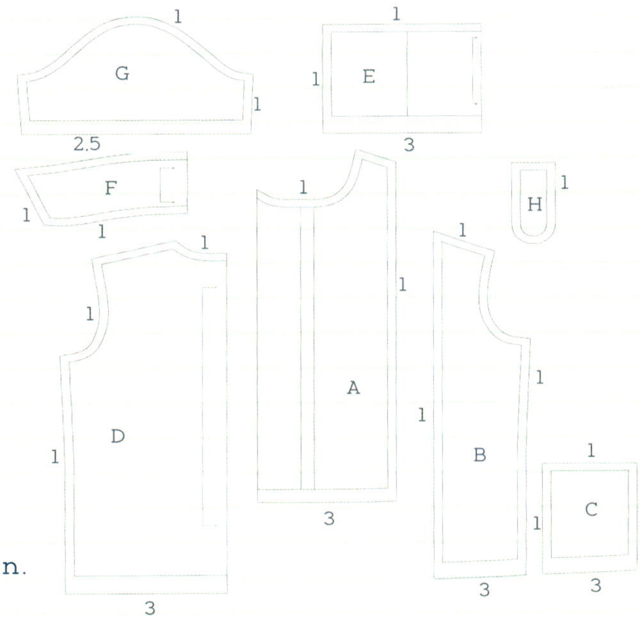

Mit der angegebenen Nahtzugabe zuschneiden.

--->

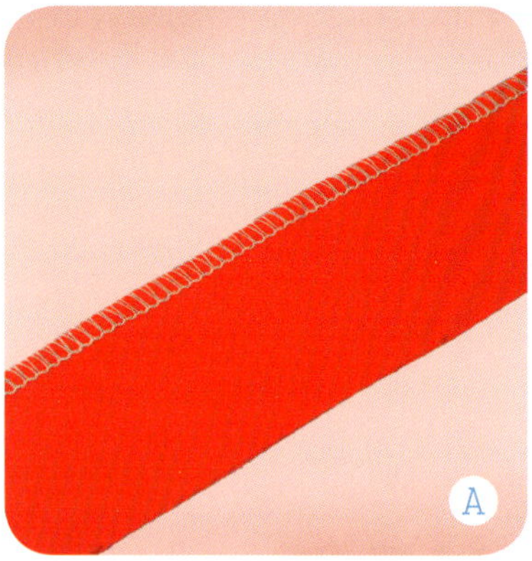

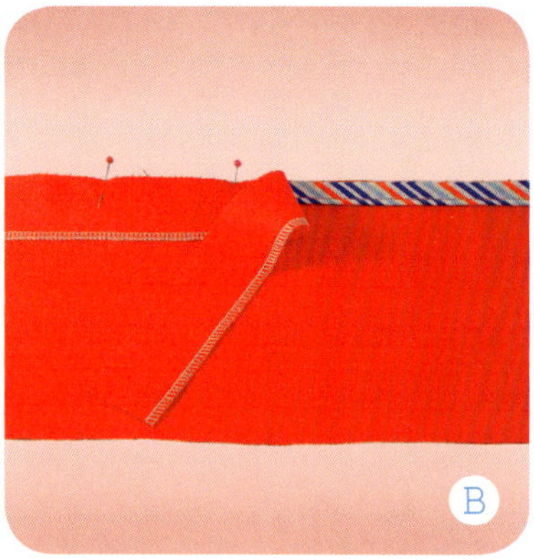

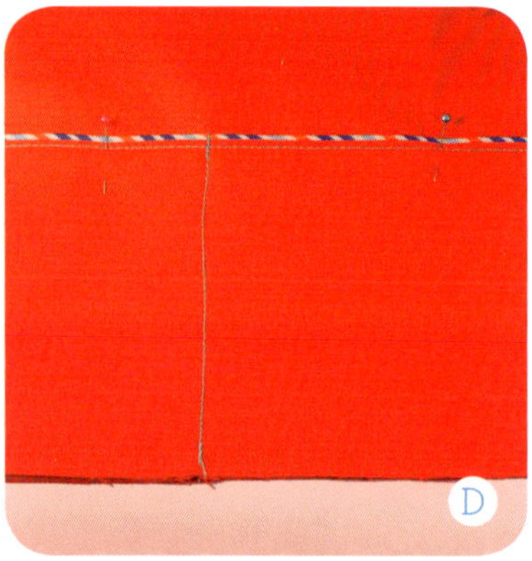

1 Foto A Die Belegstreifen für die Taschen zuschneiden, an jedem Streifen 1 lange Seite versäubern. 2 Knopflaschenteile rechts auf rechts zusammennähen, die kurze Seite offen lassen. Zurechtschneiden und wenden. Foto B Ein Paspelband an den oberen Rand der Taschen nähen. Darauf den Beleg stecken und nähen. Foto C Bei den Vordertaschen die Knopflasche zwischen der Tasche mit Paspelband und dem Beleg mit einnähen. Umbügeln und absteppen. Foto D Die Unterteilung für die Hintertaschen nähen.

2 Foto E Das Paspelband an den Rand des seitlichen Vorderteils nähen. Den mittleren vorderen Rand bügeln. Foto F Das mittlere und das seitliche Vorderteil zusammennähen. Foto G Die Nähte zusammen versäubern. Foto H Die Naht von rechts absteppen.

3 bis 5 Kragen, Schulternähte, Knopfleiste und Ärmel: Siehe Seite 16, Cadillac, Schritte 1 bis 4.

6 Foto I Die Seitennähte des Ärmels schließen. Die Manschette zuschneiden und zunähen. Die Manschette in der Mitte falten und bügeln. Die Manschette über den auf links gewendeten Ärmel schieben. Foto J Die Seitennähte zur Übereinstimmung bringen und Foto K in der Mitte des unteren Randes eine Klappe mit anstecken. Nähen. Die Nähte zusammen versäubern. Foto L Die Manschette auf die richtige Seite umbügeln. Mit dem anderen Ärmel wiederholen.

7 Die Seitennähte schließen (mit den Taschen am Hemd). Den Ärmel einsetzen wie auf Seite 39, Zimmermann, Schritt 10.

8 Für den Saum Hemd und Taschen zusammen umbügeln und nähen. Die Knopflöcher anbringen und die Knöpfe annähen.

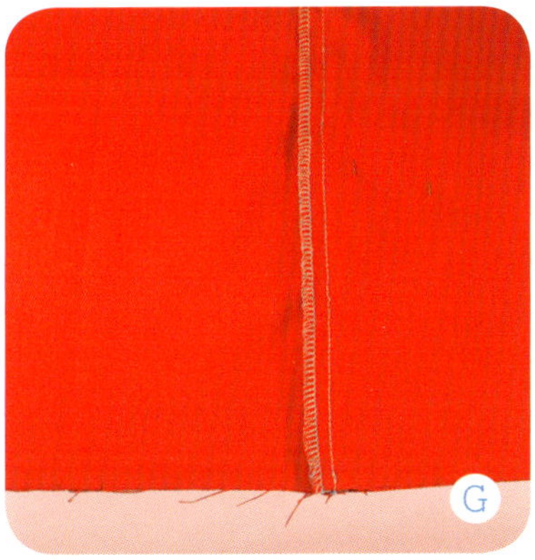
G

H

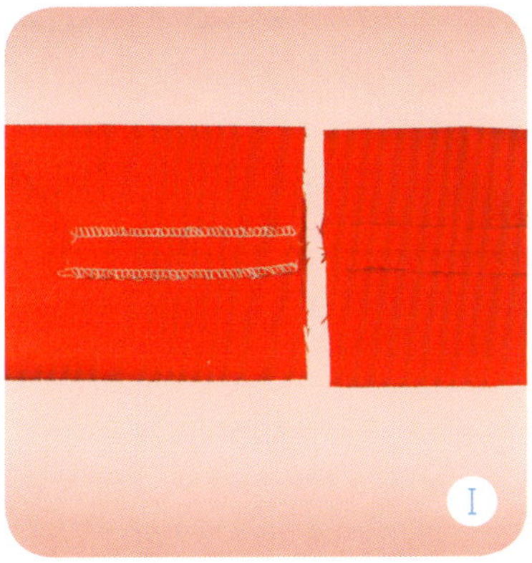
I

J

K

L

BLAUBÄR

KURZE HOSE (3 bis 10 Jahre)

Diese Hose ist dem Modell Feine Streifen sehr ähnlich. Derselbe smarte Look, aber mit kurzen Hosenbeinen. Mit dem richtigen Saum geht das ganz schnell, zum Beispiel mit einem angesetzten Saum (siehe Seite 44).

MATERIAL:

* Mittelschwerer bis schwerer Baumwollstoff, Jeansstoff, Cord
* Paspelband
* Bündchenstoff

SCHNITTTEILE:

A Vorderteil 2 x
B Rückteil 2 x
C Vordertasche 2 x
D Bund

Nach Maß zuschneiden:
Umschlag für den Saum: Umfang am unteren Rand des Hosenbeins + 2 cm, Breite nach Wunsch x 2 + 2 cm

Mit der angegebenen Nahtzugabe zuschneiden.

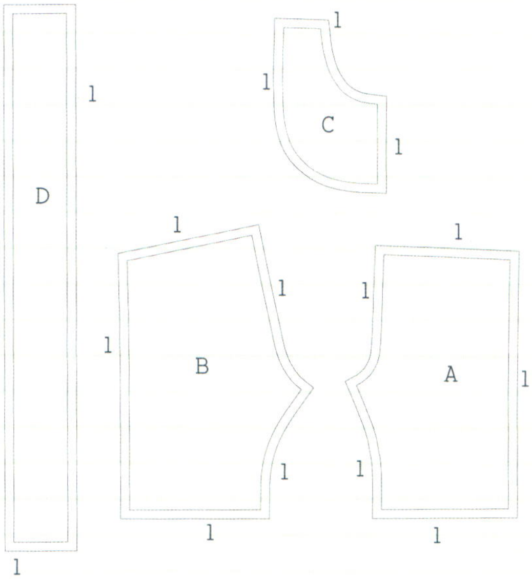

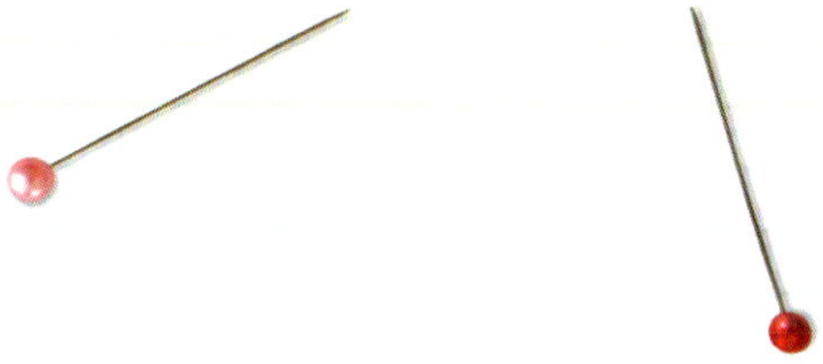

1 Die Vordertasche aufnähen, siehe Seite 46, Aufgesteppte Tasche mit Paspelband.
2 Siehe Seite 22, Feine Streifen, Schritt 2.
3 Siehe Seite 8, High Noon, Schritt 2.
4 Die inneren Beinnähte schließen.
5 Das eine Bein rechts auf rechts in das andere schieben, Vorderteil zu Vorderteil, Rückteil zu Rückteil. Die Kreuznaht abstecken und schließen.
6 Siehe Seite 8, High Noon, Schritt 5.
7 Siehe Seite 44, Angesetzter Saum.

ACHTERBAHN

HOSE (3 bis 10 Jahre)

MATERIAL:
* Mittelschwerer bis schwerer Baumwollstoff, Cord, Jeansstoff
* Paspelband
* Trikot- oder Bündchenstoff
* Gummiband oder Kordel

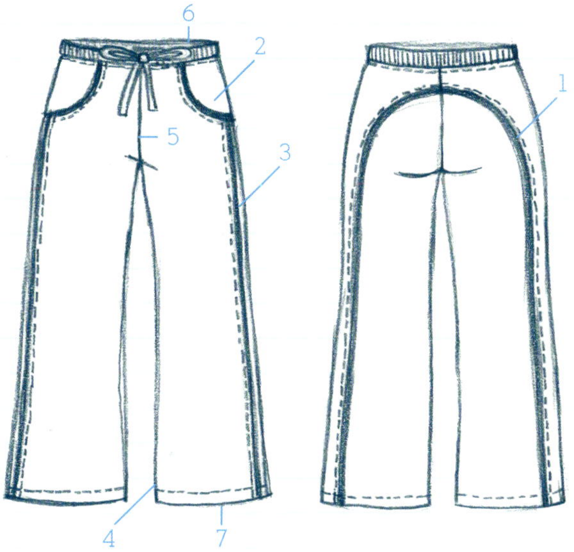

SCHNITTTEILE:

A Vorderteil 2 x
B Seitliches Rückteil 2 x
C Rückteil 2 x
D Tasche 2 x
E Futter Tasche 2 x
F Bund

Mit der angegebenen Nahtzugabe zuschneiden.

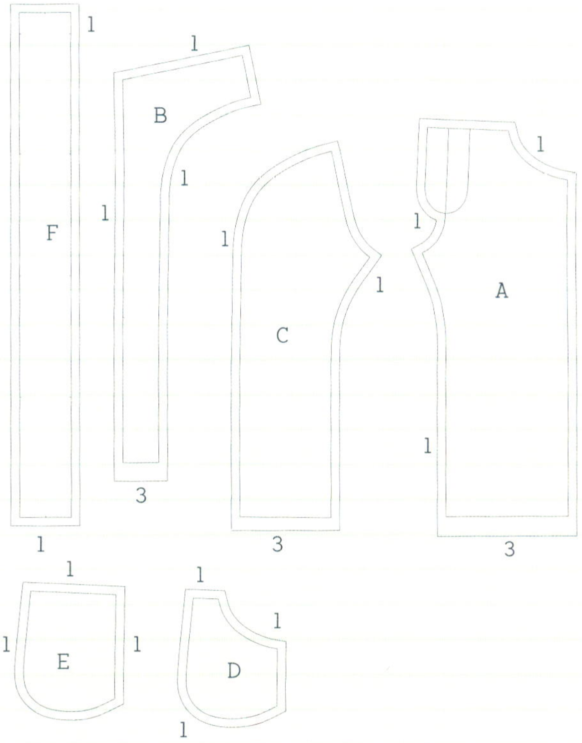

--->

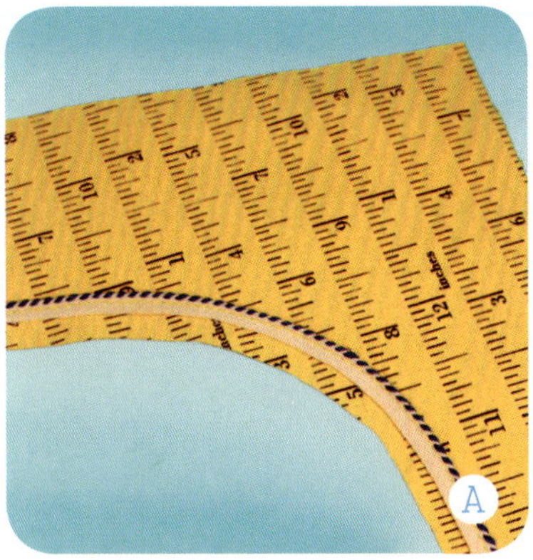

1 Foto A Das Paspelband an die seitlichen Rückteile nähen, sodass es nach oben liegt. Foto B Das seitliche Rückteil an das Rückteil stecken und nähen. Mit Overlock-Stichen versäubern und nach vorn bügeln. Foto C Die Naht von rechts absteppen.

2 Foto D Das Paspelband an den Rand der Tasche auf dem Vorderteil nähen. Das Taschenfutter an den Rand der Tasche auf dem Vorderteil stecken. Foto E nähen und mit der Zackenschere zurechtschneiden, oder dicht an der Naht abschneiden und leicht einschneiden. Umbügeln und absteppen. Foto F Die Tasche 1 cm vom Rand auf das Taschenfutter stecken und nähen. Die Naht mit Overlock- oder Zickzackstichen versäubern.

3 Ein Paspelband auf die seitliche Naht am Vorderteil nähen. Foto G Das Vorderteil auf das zusammengesetzte Rückteil stecken und nähen. Das Ganze rundum mit Overlock- oder Zickzackstichen versäubern.

4 Siehe Seite 8, High Noon, Schritt 3.

5 Siehe Seite 8, High Noon, Schritt 4, für einen „unechten" Hosenschlitz, ODER siehe Seiten 22 bis 24, Feine Streifen, Schritt 5 für den Hosenschlitz mit Reißverschluss.

6 Den Bund befestigen (siehe Seite 48, Bundformen).

7 Den unteren Saum versäubern.

MERRY GO ROUND

HOODIE-HEMD (3 bis 10 Jahre)

Das ist ein Hemd! Kein Hemd! Doch ein Hemd! Kein Hemd! Wie bringt man standhafte T-Shirt-Träger dazu, ein Hemd anzuziehen? Indem man es etwas relaxter aussehen lässt. Zum Beispiel mit einer Kapuze. Dieses Exemplar hat lange Ärmel mit Manschetten und eine Kapuze mit schickem Farbdetail.

MATERIAL:

* Leichter bis mittelschwerer Baumwollstoff
* Stoff in Kontrastfarbe
* Paspel- und Schrägband
* 4 bis 5 Knöpfe

SCHNITTTEILE:

A Vorderteil 2 x
B Schulterpasse 1 x im Stoffbruch
C Rückenteil 1 x im Stoffbruch
D Kapuze 2 x
E Futter Kapuze 2 x
F Kontrastfutter Kapuze 2 x
G Ärmel 2 x
H Manschette 2 x
Ärmelstreifen 2 x: 2,5 x 14 cm

[Stoffbruch

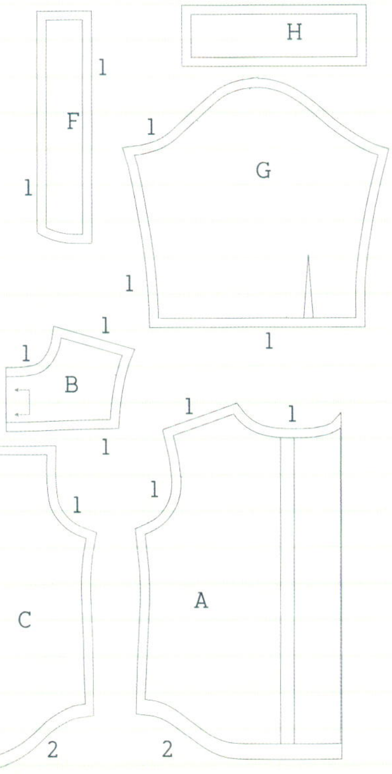

Mit der angegebenen Nahtzugabe zuschneiden.

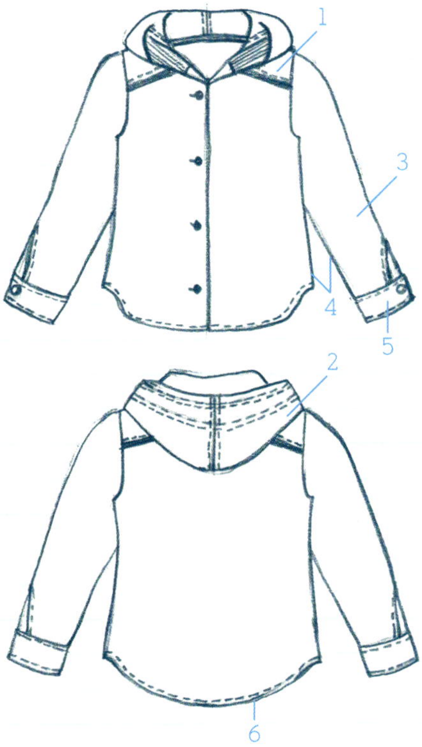

--->

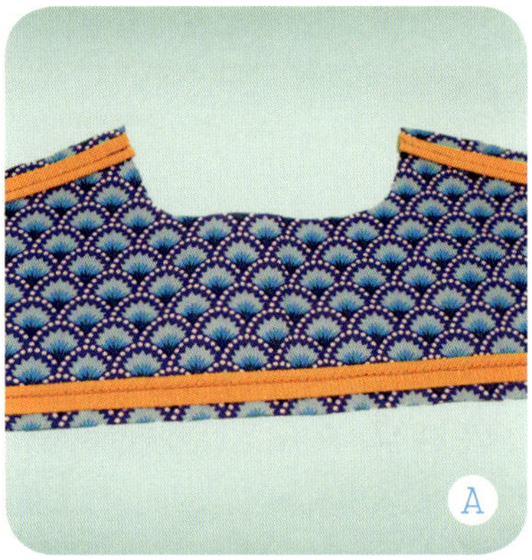

1 Foto A Das Paspelband auf die Schulterpasse nähen. Foto B Vorder- und Rückenteile an die Schulterpasse nähen. Die Nähte mit Overlock- oder Zickzackstichen versäubern und umbügeln. Über dem Paspelband mit kontrastierendem Garn absteppen.

2 Foto C Die Außenseite der Kapuze nähen. Foto D Das Futter der Kapuze nähen und das Kontrastfutter der Kapuze an die anderen Futterteile der Kapuze nähen. Die Nähte auseinanderbügeln. Foto E Die Nähte der äußeren Kapuze von rechts absteppen. Die äußere Kapuze und das Kapuzenfutter am vorderen Rand rechts auf rechts zusammenstecken und -nähen. Wenden und bügeln. Foto F Die Nähte absteppen. Die Mitte der Kapuze auf die Mitte des Rückenteils stecken; die Kapuze am ganzen Hals entlang bis nach vorn auf dem Hemd feststecken. Die Kapuze 0,7 cm von der Kante entfernt annähen. Das Schrägband über die Naht nähen, siehe Seite 16, Cadillac, Schritt 3.

3 Foto G Den Ärmelstreifen der Länge nach in der Mitte falten und bügeln, dann die Seitenränder zur Mitte hin falten (wie ein Schrägband), über den eingeschnittenen Schlitz legen und annähen. Dazu den Schlitz gerade auseinanderziehen. Foto H Den Schlitz auf der Innenseite falten und an der Spitze in einem Winkel vernähen. Foto I Die Falte im unteren Rand des Ärmels feststecken. Den Ärmel an das Hemd nähen, siehe Seite 16, Cadillac, Schritt 4.

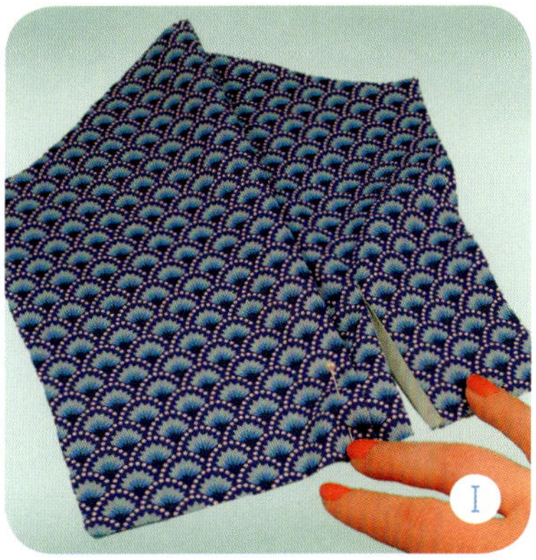
I

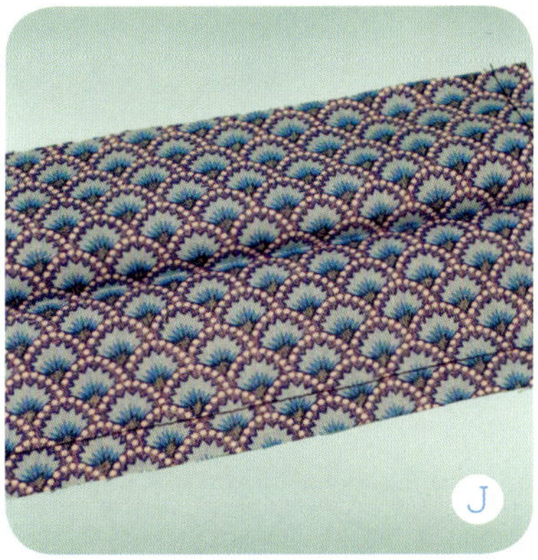
J

K

L

M

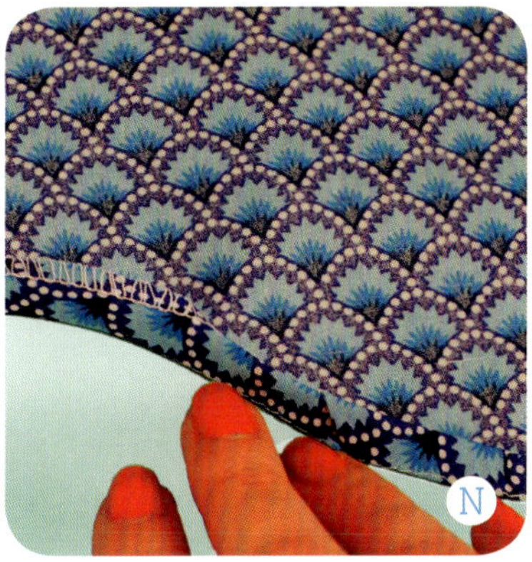
N

4 Siehe Seite 16, Cadillac, Schritt 5.

5 Foto J Die Manschette in der Mitte links auf links falten und bügeln. An den Seiten und am inneren Rand 3 Hilfslinien absteppen. Foto K An den Hilfslinien umbügeln. Foto L Die Manschette am äußeren Rand von Ärmelschlitz bis Ärmelschlitz rechts auf rechts an den Ärmel stecken. Nähen. Die Ärmel auf links wenden, die Manschette umlegen. Den inneren Rand der Manschette feststecken. Foto M Die Manschetten von rechts absteppen.

6 Für den Saum den unteren Rand des Hemds mit Overlock- oder Zickzackstichen versäubern. Eine Hilfslinie 1,5 cm vom Rand nähen. Foto N An der Hilfslinie umbügeln und die mit Overlockstichen versäuberte Kante umbügeln. Nähen.

7 Die Knopflöcher anfertigen und die Knöpfe annähen.

ZIMMERMANN

OVERALL (3 bis 10 Jahre)

"If I were a carpenter and you were a lady..." Wer ist nicht begeistert von diesem kleinen Kerl im Overall? Das ideale Kleidungsstück für Bastler und alle, die praktische, gut sitzende Kleidung mögen. Mit dem Reißverschluss vorn ist man schnell an- und ausgezogen. Mit Kragen, Ärmeln und den Schulterpassen ist dieser Anzug etwas Besonderes, mehr als ein Blaumann.

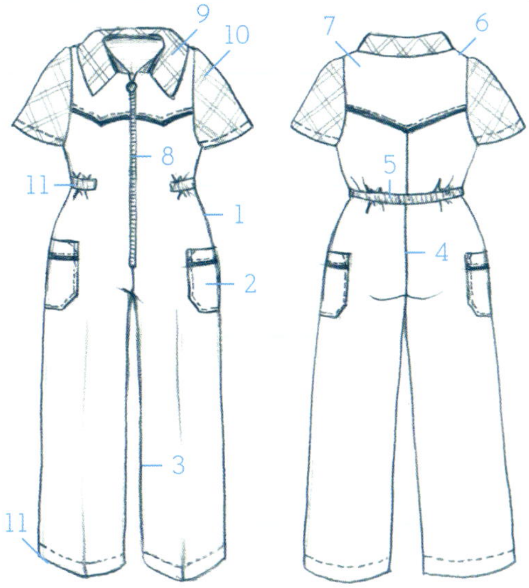

MATERIAL:

* Mittelschwerer bis schwerer Stoff, Jeansstoff, Cord
* Stoff in Kontrastfarbe
* Schrägband
* Paspelband oder Zierborte
* Reißverschluss in passender Länge
* Bügeleinlage
* Gummiband

SCHNITTTEILE:

A Vorderteil 2 x
B Rückenteil 2 x
C Schulterpasse vorn 2 x
D Schulterpasse hinten 1 x im Stoffbruch
E Kragen 2 x im Stoffbruch, 1 x Bügeleinlage im Stoffbruch
F Ärmel 2 x
G Tasche (hier Basistasche) 2

[Stoffbruch

Mit der angegebenen Nahtzugabe zuschneiden.

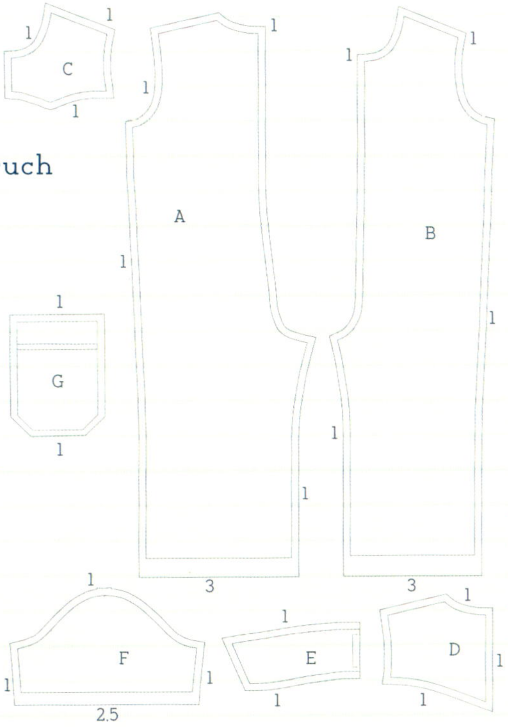

--->

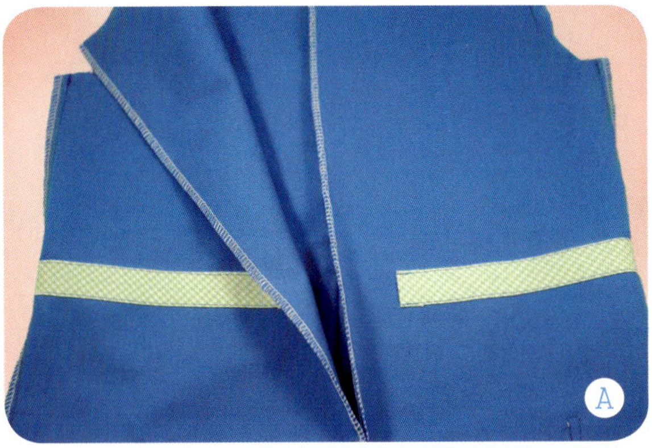

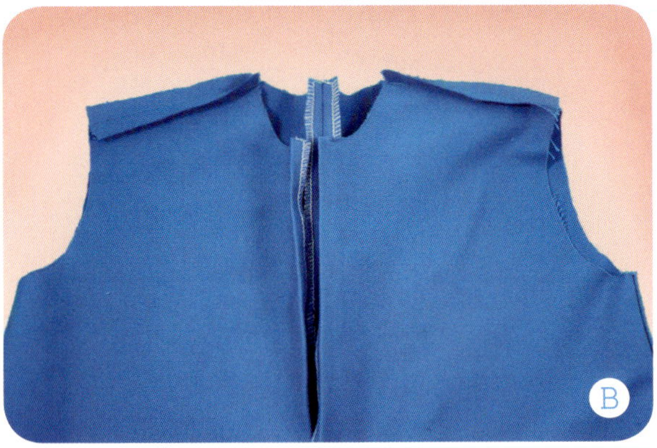

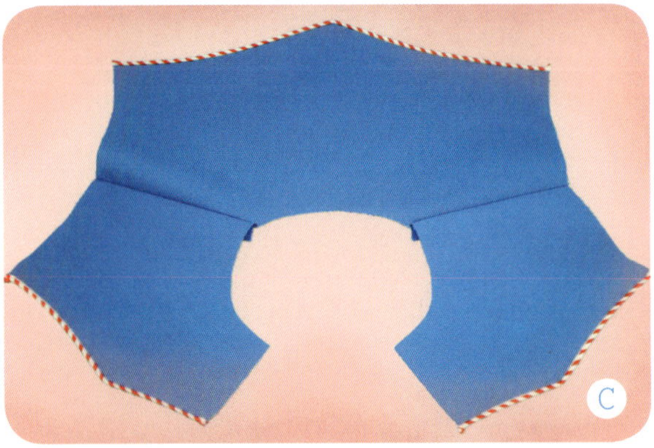

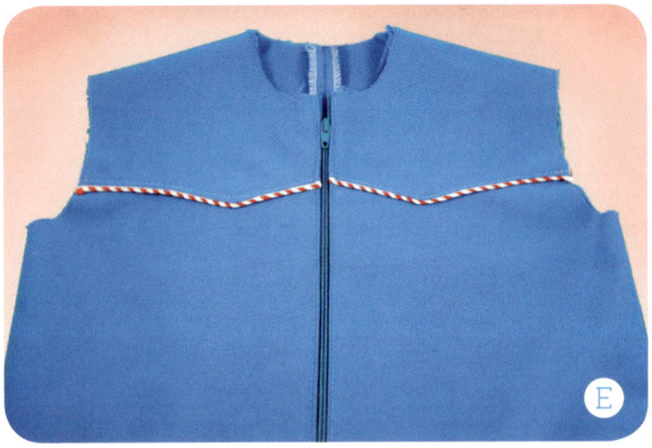

1 Die Seitennähte schließen. Die Nahtzugaben zusammen versäubern und nach hinten bügeln.
2 Eine Tasche anfertigen und an der richtigen Stelle annähen (siehe Seiten 45 bis 47, Taschen).
3 Die inneren Beinnähte schließen, die Nahtzugaben auseinanderbügeln.
4 Das eine Bein rechts auf rechts in das andere schieben. Die Rückennaht, die in die Kreuznaht übergeht, schließen. Bis zur Reißverschlussmarkierung vorn nähen. Vernähen. Rücken-, Kreuz- und Vordernaht auseinanderbügeln.
5 Foto A Das Schrägband für den Gummizug entlang der Markierung innen an die Hose stecken und steppen. Die kurzen Seiten offen lassen.
6 Foto B Die Schulternähte links auf links schließen. Die Nähte auseinanderbügeln.
7 Foto C Nach Wunsch Paspelband oder Zierborte an die Ränder der Schulterpassen nähen. Die Schulternähte der Schulterpassen rechts auf rechts schließen. Foto D Die Schulterpasse über die Schultern stecken und nähen.
8 Foto E Die Kanten an der Öffnung in der vorderen Mitte umbügeln. Den Reißverschluss offen an die Innenseite der Hose stecken. Darauf achten, dass die Ränder der Schulterpassen zusammenliegen. Oben mit dem Nähen beginnen, dabei den Reißverschluss etwas öffnen. Reißverschlussfuß anheben und den Reißverschluss schließen, sobald die Stelle erreicht ist. Den geschlossenen Reißverschluss weiter einnähen, im rechten Win-

kel über den Reißverschluss nähen, wieder im rechten Winkel abbiegen und entlang der Zähne die andere Seite des Reißverschlusses annähen. 10 cm vor dem Ende den Reißverschluss ein Stück öffnen und den Verschluss unter dem angehobenen Fuß durchziehen. Bügeln.

9 Den Kragen mit Bügeleinlage verstärken, auf die rechte Seite des Overalls stecken. Foto F Den Kragen 0,7 cm vom Rand entfernt annähen. Foto G Von der hinteren Mitte nach vorn rechts auf rechts ein Schrägband auf den Kragen stecken. Auf der anderen Seite wiederholen. Das Schrägband an den Enden zurückfalten, eventuell ein Eck zurechtschneiden wie auf dem Foto. Nähen. Foto H Das Schrägband zurück an Ort und Stelle falten und feststecken. Die Nadel in der linken Position befestigen und das Band am Rand des Schrägbands annähen; dabei den Nähfuß an der Kragennaht entlangführen. Bügeln.

10 Foto I Den unteren Rand und die Seitennähte der Ärmel versäubern. Die Seitennähte der Ärmel schließen und auseinanderbügeln. Den unteren Rand säumen. Foto J Den Ärmel einsetzen: Die Achsel zusammenstecken, die Markierung der Ärmelmitte an die Schulternaht stecken. Den Ärmel feststecken. Nähen. Die Nahtzugaben zusammen mit Overlock- oder Zickzackstichen versäubern.

11 Die Säume versäubern und das Gummiband in den Taillentunnel einziehen. Zur gewünschten Spannung anziehen, an beiden Seiten befestigen.

COCKPIT

JACKE (3 bis 10 Jahre)

Bereit zum Abflug!? Diese Jacke führt in ungeahnte Höhen. Mit Paspeltaschen, Brusttaschen, Kragen und Strickbündchen ist diese Jacke anspruchsvoll zu nähen, aber das Ergebnis lohnt die zusätzliche Mühe in jedem Fall.

MATERIAL:

* Wollstoff, schwerer Canvas- oder Steppstoff
* Mittelschwerer Baumwollstoff als Futter oder Synthetik-Futter
* Wattiertes Zwischenfutter
* Bügeleinlage
* Teilbarer Reißverschluss in passender Länge
* Geripptes Strickbündchen
* 3 Knöpfe

SCHNITTTEILE:

A Schulterpasse vorn: 2 x, 2 x Futter, 2 x Zwischenfutter
B Vorderteil: 2 x, 2 x Futter, 2 x Zwischenfutter
C Schulterpasse hinten: 1 x im Stoffbruch, 1 x Futter im Stoffbruch, 1 x Zwischenfutter im Stoffbruch
D Rückenteil: 1 x im Stoffbruch, 1 x Futter im Stoffbruch, 1 x Zwischenfutter im Stoffbruch
E Extra-Schulterpasse hinten: 1 x im Stoffbruch, 1 x Futter im Stoffbruch, 1 x Zwischenfutter im Stoffbruch
F Kragen: 2 x im Stoffbruch, 2 x Futter im Stoffbruch
G Ärmel: 2 x, 2 x Futter, 2 x Zwischenfutter
H Taschenklappe: 2 x, 2 x Futter
I Brusttasche: 2 x Futter unteres Taschenteil, 2 x Futter oberes Taschenteil
J Oberteil Paspeltasche: 2 x Futter
K Unterteil Paspeltasche: 2 x Futter

[Stoffbruch

Nach Maß zuschneiden:
Paspelstreifen 5 x 13 cm: 2 x Stoff, 2 x Futter, 2 x Zwischenfutter
Strickbündchen: 2 x ¾ Ärmelumfang, 1 x ¾ Umfang unterer Jackensaum.

Mit der angegebenen Nahtzugabe zuschneiden.

1 Wenn Sie das wattierte Zwischenfutter selbst steppen möchten, nähen Sie zuerst alle Zwischenfutterteile mit parallelen diagonalen Nähten auf die Futterteile.

2 Die Paspeltasche anfertigen (siehe Seite 46, Taschen).

3 Die Brusttaschen anfertigen: Die Klappe anfertigen (siehe Tasche mit Klappe, Taschen, Seite 46). Foto A 0,7 cm vom Rand entfernt den unteren Teil der Brusttasche links auf rechts auf das untere Vorderteil nähen. Dabei die Markierungen beachten. Foto B Das obere Taschenteil umgekehrt links auf rechts auf die Vorderpasse nähen. Foto C Die Klappe zwischen Taschenteil und Passe mit annähen. Foto D (Detail) Foto E Die obere Passe rechts auf rechts auf das Vorderteil stecken. Die Seiten in 1 cm Abstand vom Rand bis zu den Markierungen vernähen. Foto F Die Taschenteile in 1 cm Abstand an der abgerundeten Kante entlang zusammennähen. Foto G

--->

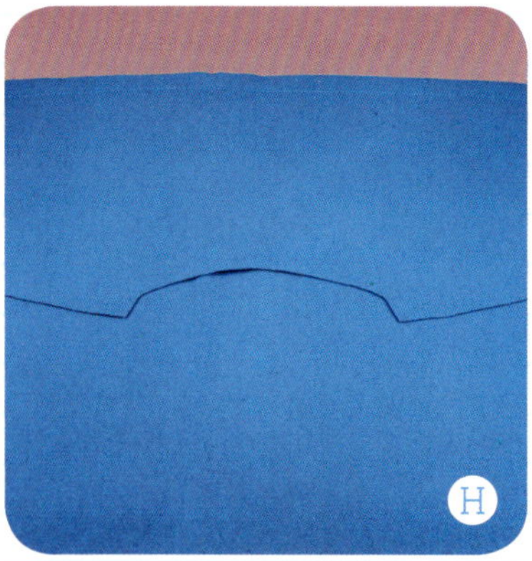

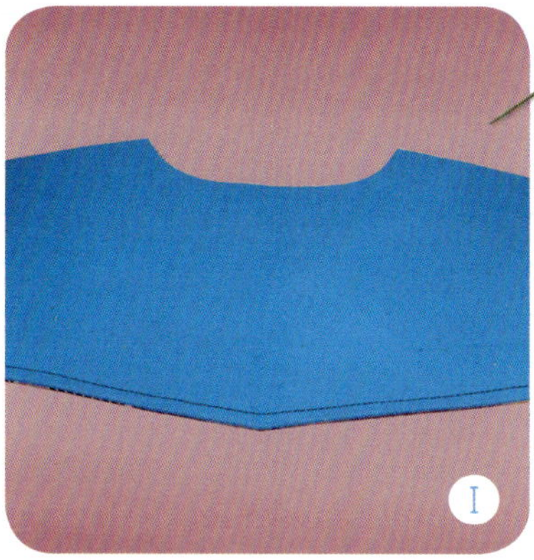

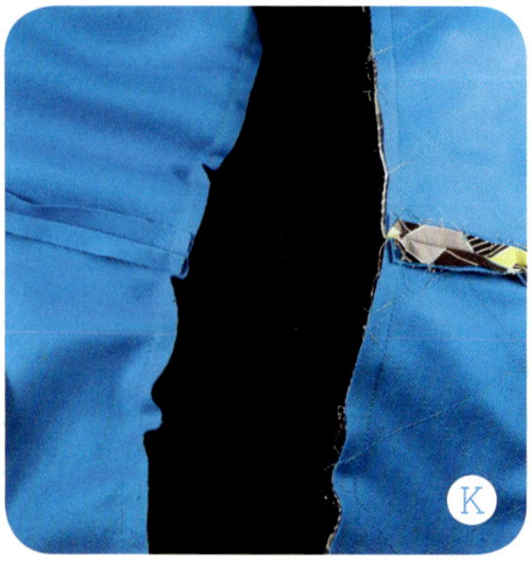

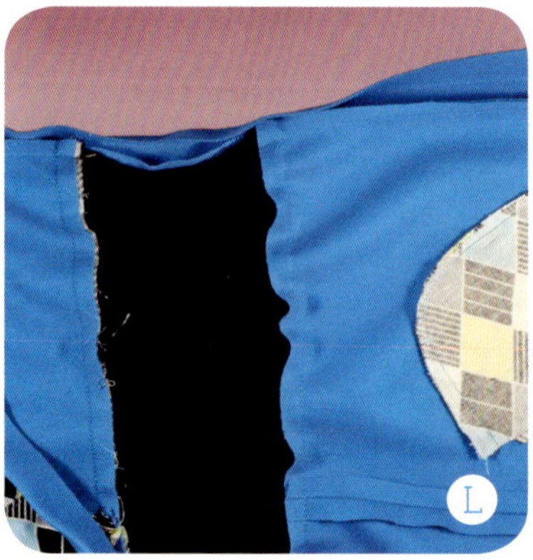

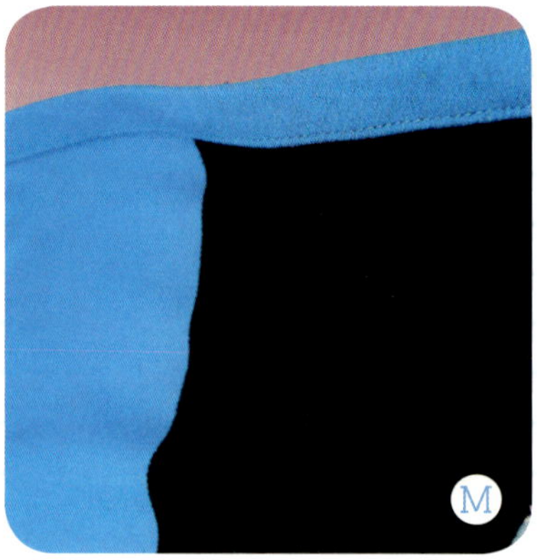

4 Foto H Die Schulterpasse an das Rückenteil nähen. Die Nähte aufbügeln und absteppen. Foto I Die Extra-Schulterpasse und ihr Futter am unteren Rand entlang rechts auf rechts zusammennähen, wenden, bügeln und den unteren Rand absteppen.

5 Die Extra-Schulterpasse auf die Schulterpasse und darauf das Vorderteil legen. Die Schulternähte schließen.

6 Die Ärmel einsetzen (siehe Seite 16, Cadillac, Schritt 4). Foto J Weil Jackenstoff meist eher dick ist, die Naht am oberen Ärmelrand leicht einschneiden.

7 Die Seitennähte, auch die der Ärmel, in einem Durchgang schließen (siehe Seite 16, Cadillac, Schritt 5). Die Schritte 5 bis 7 mit dem Futter wiederholen.

8 Foto K Das Strickbündchen einfach (also nicht doppelt gelegt) an den unteren Jackensaum stecken. Dabei das Band gleichmäßig in die Länge ziehen. Nähen. Mit dem Futter an der anderen Seite des Bündchens wiederholen. Nähen.

9 2 Reißverschlussstreifen aus Stoff zuschneiden: 5 cm breit und so lang wie die Jacke ist, gemessen an der vorderen Öffnung vom Kragen bis zur Faltkante im Strickbündchen unten, multipliziert mit 2. Foto L Einen Reißverschlussstreifen 0,5 cm vom Rand entfernt rechts auf rechts an die Seitenkante der Jacke nähen. (das Futter nicht mitnähen), vom Halsausschnitt nach unten, über

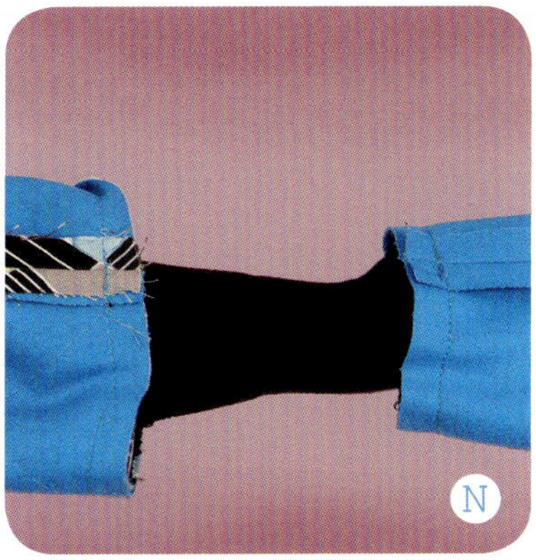

das gesamte Strickbündchen, und schließlich vom Strickbündchen aus an das Futter bis zur Halskante. Mit anderen Worten: Der Reißverschlussstreifen verläuft in einer Linie von der Halskante des Oberstoffs entlang der Öffnung bis zur Halskante des Futters. Foto M Den Streifen über die soeben genähte Naht umbügeln. Den Reißverschlussstreifen 1 mm von der Naht entfernt absteppen. Den zweiten Reißverschlussstreifen auf der anderen Seite der Öffnung ebenso einnähen.

10 Den Kragen anfertigen (siehe Seite 16, Cadillac, Schritt 1). Den Kragen zwischen Oberstoff und Futter an den Halsausschnitt stecken (rechts auf rechts). Die Naht leicht einschneiden. Wenden.

11 Foto N Die Ärmelbündchen annähen: Das Ärmelbündchen an den Oberstoff für den Ärmel stecken. Die andere Seite des umgefalteten Ärmelbündchens an den unteren Rand des Futters stecken. Dazu das Futter und den Oberstoff in der Verlängerung aneinanderlegen, das Bündchen dazwischen, wie auf dem Foto. Mit dem anderen Ärmel wiederholen.

12 Foto O Den Reißverschluss ganz öffnen und die eine Hälfte zwischen den Reißverschlussstreifen an der linken Seite der Öffnung legen. Ist der Reißverschluss zu lang, Foto P das obere Ende umschlagen, eventuell zurechtschneiden und Foto Q den Überschuss zwischen dem Reißverschlussstreifen feststecken. Auf der anderen Seite wiederholen. Foto R Nähen.

GRUNDTECHNIKEN

JUNGS

SÄUMEN

Einfacher Saum
Den unteren Rand mit Zickzack- oder Overlockstichen versäubern. Foto A Für einen 4 cm breiten Saum: 8 cm vom unteren Rand anzeichnen und bis zur markierten Linie auf die Rückseite umschlagen. Foto B Den Saum von der linken Seite aus annähen. Dabei an der inneren Beinnaht beginnen und den Faden an Anfang und Ende vernähen.

Doppelter Saum
Für einen 3 cm breiten Saum: Foto A Den unteren Rand 6 cm breit auf die Rückseite umbügeln. Foto B Bei 3 cm eine Bergfalte in den Umschlag legen und den Saum an dieser Faltkante nach innen umschlagen. Foto C Dann 3 cm vom unteren Rand entfernt den Saum annähen.

Angesetzter Saum (Hose mit Umschlag)
1 Den Umfang am unteren Rand des Hosenbeins messen und 2 cm addieren. Die Breite des Umschlags festlegen. Mit 2 multiplizieren und ebenfalls 2 cm addieren. Für beide Hosenbeine je ein Rechteck mit diesen Maßen aus dem Stoff zuschneiden. Der Länge nach in der Mitte umbügeln. Foto A Wieder auffalten, an die Kante stecken und mit 1 cm Nahtzugabe annähen.
2 Foto B Wieder zufalten und über die linke Seite des Hosenbeins schieben. Bei 1 cm annähen und den Rand versäubern. Foto C Das Hosenbein wenden, den versäuberten Rand annähen. Foto D Über das Hosenbein wenden.

TASCHEN

Basistasche

1 Foto A Hilfslinien 1 cm vom Rand nähen, an der Faltkante umbügeln.
2 Foto B Entlang der gesteppten Hilfslinien umbügeln.
3 Foto C Den oberen Rand 2 cm breit umnähen.
4 Foto D Die Tasche 2 mm vom Rand aufstecken und annähen. Am Anfang und am Ende der Naht kurz hin- und hernähen, um den Faden zu vernähen.

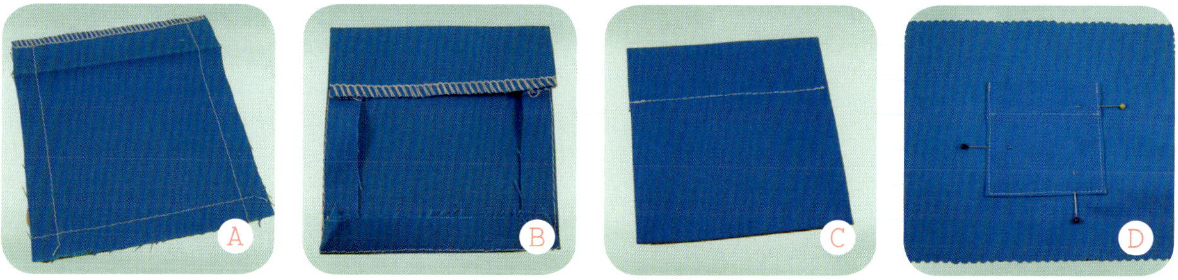

Runde Basistasche

1 Foto A Die drei Teile wie auf dem Foto zusammennähen, dabei eine kleine Öffnung lassen!
2 Foto B In der Mitte falten und 1 cm vom Rand entfernt zusammennähen. Mit der Zackenschere zurechtschneiden (oder mit einer normalen Schere, dann die Nahtzugabe häufig einschneiden).
3 Foto C Durch die Öffnung wenden und bügeln.
4 Foto D Die Tasche aufstecken und 2 mm vom Rand entfernt aufnähen.

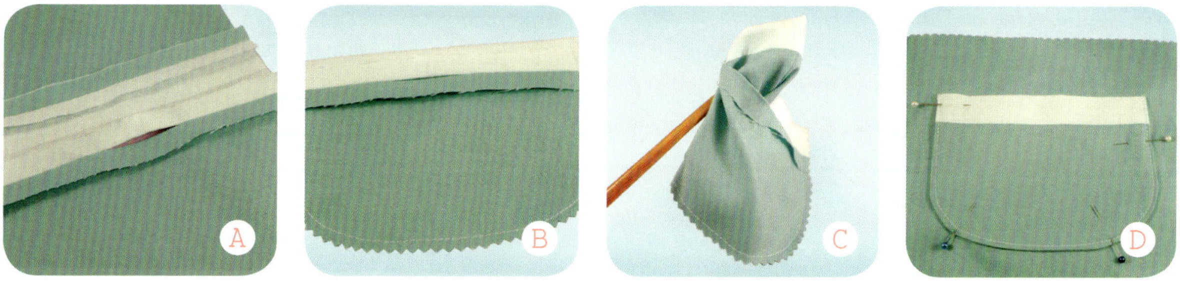

Tasche mit schrägen Ecken und Paspelumschlag

1 Foto A An der Faltkante umbügeln und die Paspel 1 cm vom Rand annähen.
2 Fotos B und C Den oberen Rand absteppen, dabei auch die Paspel mit absteppen. Eine Hilfslinie 1 cm vom Rand nähen.
3 Foto D Die Ränder umbügeln und die Tasche 2 mm vom Rand entfernt aufnähen.

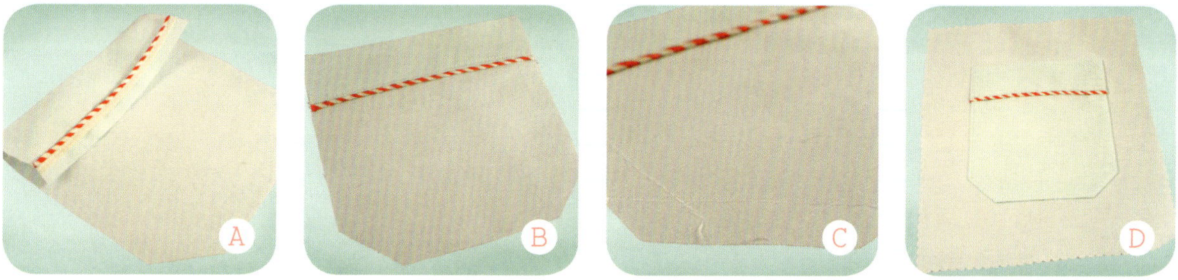

--->

Tasche mit schrägen Ecken und Schrägband

1 Foto A Das Schrägband auffalten und an den oberen Rand der Tasche nähen.
2 Foto B Das Band in der Mitte falten und mit dem oberen Rand der Tasche versäubern.
3 Foto C Hilfslinien 1 cm vom Rand nähen und umbügeln.
4 Foto D Die Tasche im Abstand von 2 mm aufnähen.

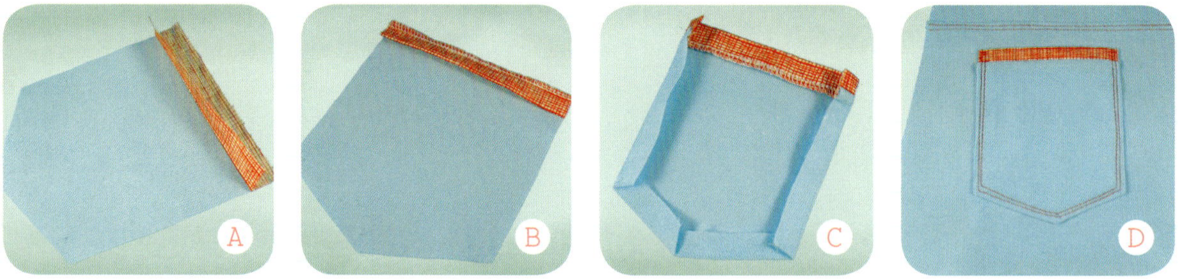

Tasche mit Klappe

1 Foto A Die beiden Klappenteile rechts auf rechts zusammennähen, dabei eine Öffnung lassen!
2 Foto B Die Klappe wenden, bügeln und absteppen. Ein Knopfloch anbringen. 1 cm vom oberen Rand entfernt umbügeln.
3 Foto C Die Tasche aufnähen (eine der hier beschriebenen Modelle).
4 Foto D Die Klappe aufnähen: dazu zuerst in der Faltkante steppen und dann zurück am Rand entlang absteppen.

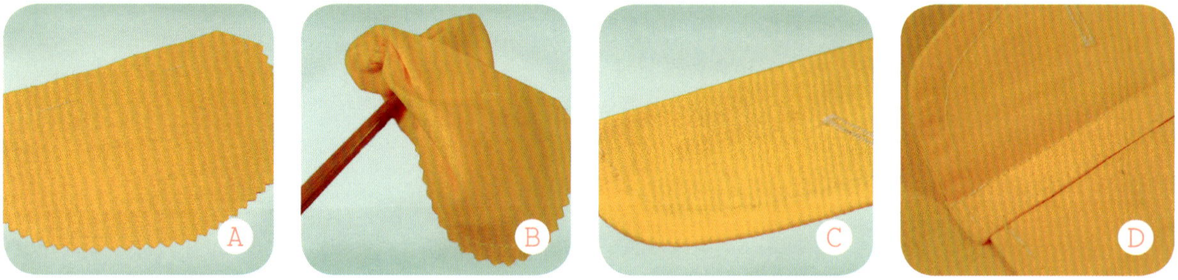

Aufgesteppte Tasche mit Paspelband

1 Foto A Das Paspelband aufnähen.
2 Foto B Das Futter rechts auf rechts an die Tasche nähen. Nur die Nähte mit den Paspelbändern versäubern. Wenden.
3 Foto C Die Tasche aufnähen.

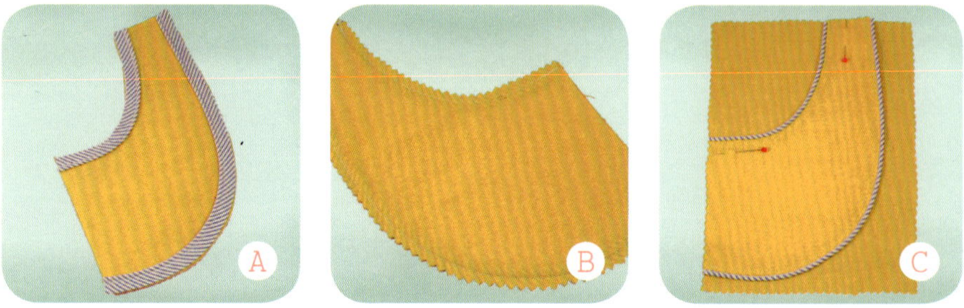

Einfache Paspeltasche

1 Den Paspelstreifen mit Bügeleinlage verstärken. Foto A Der Länge nach links auf links falten und die Ränder versäubern.
2 Foto B Den Paspelstreifen an den Markierungen auf die rechte Seite des Stoffs stecken.
3 Fotos C und D Das untere (kleinere) Taschenteil über den Paspelstreifen stecken.
4 Foto E Das obere (größere) Taschenteil an den Rand des Paspelstreifens und den Rand des unteren Taschenteils stecken.
5 Foto F Wie auf dem Foto gezeigt absteppen..
6 Foto G Die Ecken wie auf dem Foto einschneiden.
7 Fotos H, I und J Die Taschenteile durch die Öffnung auf links wenden. Bügeln. Foto K (linke Seite) Foto L (Vorderseite) Die seitlichen Ränder des Paspelstreifens auf die Rückseite umbügeln, sodass die Faltkante genau den Rand der Öffnung bedeckt.
8 Foto M und Nahaufnahme Foto N An den Faltkanten und unter dem Paspelstreifen annähen.
9 Foto O Das obere Taschenteil auf das untere bügeln, zusammennähen und den Rand versäubern.

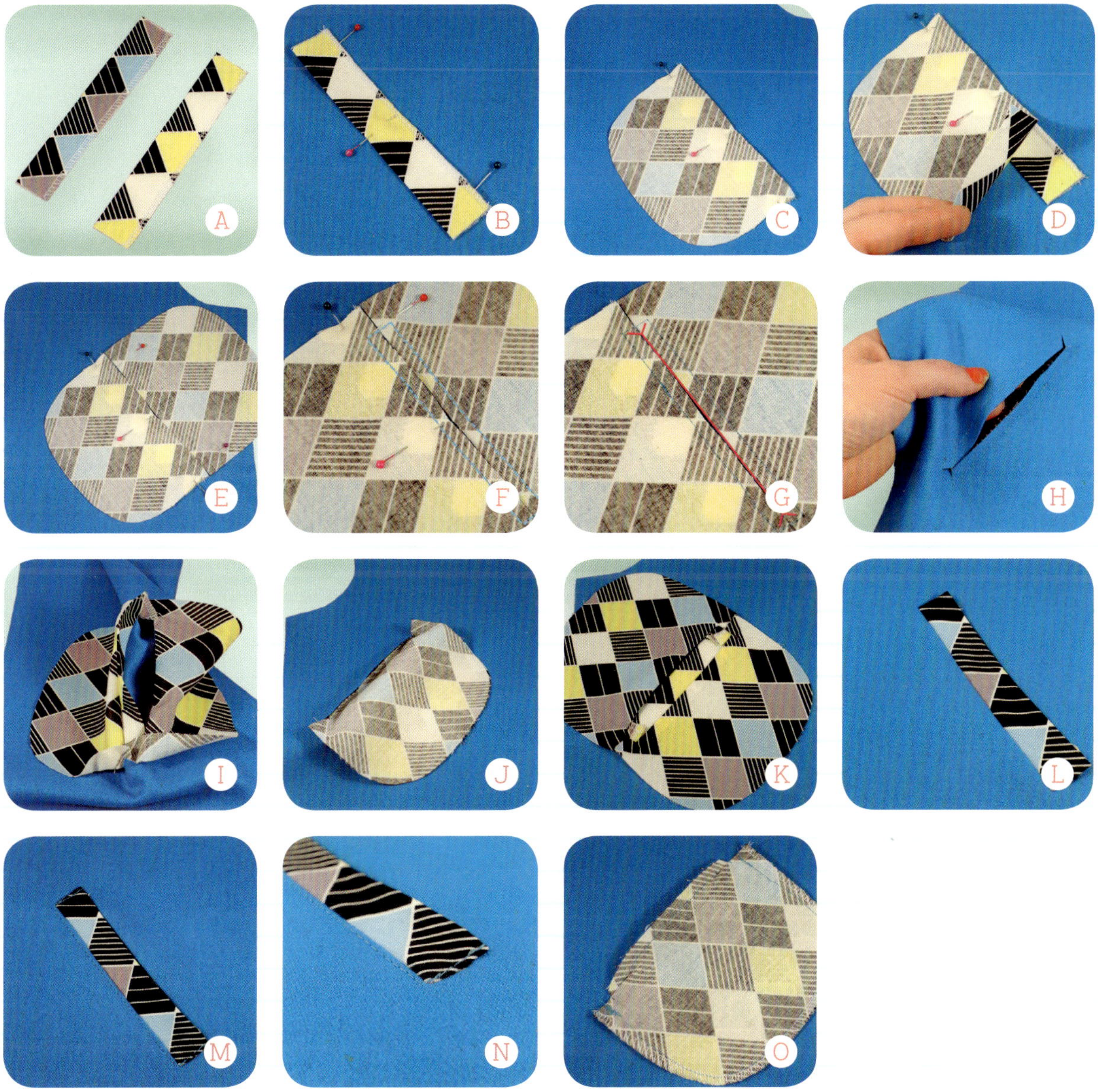

--->

BUNDFORMEN

Bund mit Gummiband

1 Foto A Den Bund an den kurzen Seiten zusammennähen, aber an der markierten Stelle eine Öffnung lassen.

2 Eine Hilfslinie 1 cm vom Rand nähen. Den Bund doppelt legen und umbügeln, an der Hilfslinie umbügeln.

3 Foto B Den Bund rechts auf rechts auf den oberen Rand der Hose legen. Den Rand des Bundes ohne Hilfslinie genau auf den oberen Rand der Hose legen. Bei 1 cm zusammennähen.

4 Den Bund über die Naht falten. Feststecken. Beim Abstecken durch die umgebügelte Hilfslinie und die Naht des Bundes stechen. Foto C Auf der vorderen Stoffseite 1 mm oberhalb der Naht absteppen.

5 Foto D Das Gummiband durch den Bund ziehen und die Enden zusammennähen. Die Öffnung von Hand zunähen.

Für einen ähnlichen Bund mit Bündchenstoff siehe Seite 8, High Noon, Schritt 5.

Bund mit Kordel

Für diese Technik den Bund am besten aus Trikot- oder Bündchenstoff nähen, eventuell aus leichtem Baumwollstoff.

1 Den Bund an der vorderen Mitte mit Bügeleinlage verstärken. Rechts und links der Mitte jeweils im Abstand von 2,5 cm 1 Knopfloch anbringen.

2 Den Bund annähen (siehe Bund mit Gummiband, Schritte 3 und 4).

3 Die Kordel durch die Knopflöcher in den Bund einziehen.

FLICKEN AM KNIE

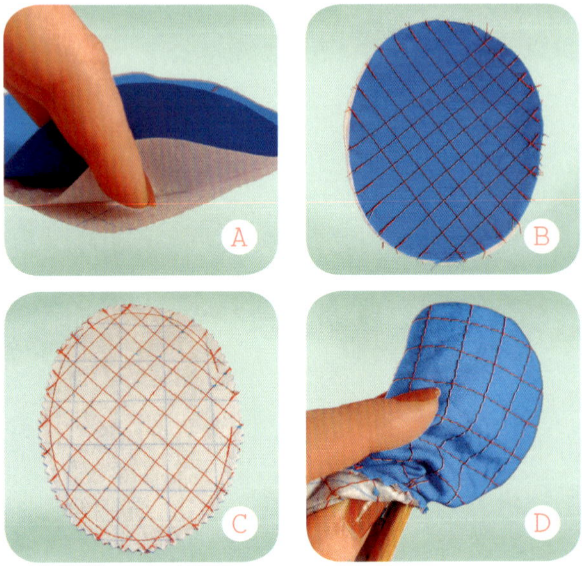

1 Foto A Den Flicken 2 x aus Stoff und 1-2 x aus Einlage zuschneiden. Auf ein Stoffteil Einlage (oder mehrere Lagen Einlage) mit zwei Nähten fixieren. Foto B Stoff und Einlage vollständig absteppen.

2 Foto C Die beiden Flickenteile rechts auf rechts zusammennähen, eine Öffnung zum Wenden lassen. Foto D Mit der Zackenschere zurechtschneiden und wenden. Bügeln.

3 So nah wie möglich am Rand auf die Hose nähen und dabei auch die Wendeöffnung zunähen.